Helwig Kuhl

Oberstufe

Probleme der Aufsatzkorrektur – und wie man sie lösen kann

Schöningh

Bildnachweis:

S. 3: Saul Steinberg, Untitled, 1954, Ink on paper © The Saul Steinberg Foundation/VG BILD-KUNST, Bonn 2008 – S. 19: Haitzinger/CCC, www.c5.net – S. 24: Saul Steinberg, Untitled, c. 1954, Ink on paper, Originally published The New Yorker, February 27, 1954 © The Saul Steinberg Foundation/VG BILD-KUNST, Bonn 2008 – S. 37, 39, 40: © Anke Kuhl – S. 44: © Cinetext Bildarchiv – S. 45: Aus: G.A: Bürger, Münchhausen, Wunderbare Reisen zu Wasser und zu Lande, mit Illustrationen von Gustave Doré, insel tb 207, S. 54, Insel, Frankfurt am Main 1976 – S. 46, 80: © akg-images – S. 48: © bpk – S. 73: BILD vom 9.5.1984 – S. 126: © Helwig Kuhl – S. 127: Aus: Tomi Ungerer Symptomatics Copyright © 1982 Diogenes Verlag AG Zürich

www.schoeningh-schulbuch.de
Schöningh Verlag, Jühenplatz 1–3, 33098 Paderborn

Druck 5 4 3 2 1 / Jahr 2013 12 11 10 09
Die letzte Zahl bezeichnet das Jahr dieses Druckes.

Umschlaggestaltung: Nora Eumann, Bielefeld
Illustrationen: Anke Kuhl
Druck und Bindung: AZ Druck und Datentechnik GmbH/Kempten (Allgäu)

ISBN 978-3-14-025220-1

Saul Steinberg

Inhalt

Unkontrollierte Ausdrucksweise

Konstruktionsfehler

Einleitung

Neuere didaktische Prinzipien für Aufsatzkorrektur

In der Deutsch-Didaktik hat es seit den Siebzigerjahren immer neue Bemühungen gegeben, die traditionelle Praxis der Aufsatzkorrektur und Aufsatzbeurteilung zu verändern. Neue kommunikations- und schülerorientierte Konzepte wurden entwickelt, die den individuellen Schreibfähigkeiten der Jugendlichen gerecht werden und die geeignet sein sollten, den Druck zu lockern, den die letztlich nicht zu erfüllende Forderung nach wirklich „objektiver" Leistungsmessung auf die korrigierenden Lehrer und Lehrerinnen ausübte. Die in der Aufsatzkorrektur-Debatte vorgetragenen neuen Prinzipien, die bis heute als maßgeblich gelten, lassen sich mit folgenden Stichworten kennzeichnen:

- „schülerzentrierte, lernfördernde Beurteilung"
- „individualisierende und differenzierende Förderung von Schreibfähigkeit"
- „prozessorientierte Bewertungspraxis"
- „dialogische Kommentierung"
- „konstruktiver Kommentar"
- „qualitative Fehleranalyse"

Weitgehend unveränderte schulische Praxis

Trotz aller Bemühungen der Didaktik hat sich im schulischen Alltag an der Praxis der Aufsatzkorrektur und der Aufsatzbewertung aber bis heute nichts Wesentliches geändert. Die wohlmeinenden didaktischen Konzepte von Hubert Ivo, Valentin Merkelbach, Kaspar H. Spinner u.a. waren mit den schulischen Gegebenheiten nur schwer vereinbar. So stöhnen die Lehrer und Lehrerinnen weiterhin unter der unverminderten Last der Korrekturarbeit, die ihnen einen Großteil ihrer wertvollen Zeit raubt und die in ihrem Lerneffekt für die Schüler – wie es scheint – ziemlich fragwürdig ist. Sie benutzen in den allermeisten Fällen weiterhin die traditionelle Korrekturmethode, die den Schülern auf eine sehr unbestimmte Weise sprachliche und gedankliche Verfehlungen anzeigt, und widmen der Verbesserung, die – wenn überhaupt – von den Schülern widerwillig und ohne großen Ehrgeiz erledigt wird, nicht allzu viel Aufmerksamkeit, weil die pädagogisch unergiebige Zwischenphase der „Klassenarbeit" durch sie nur weiter verlängert wird.

Vorzüge der hier vorgestellten Methode

Dieses Buch präsentiert und erläutert eine Korrekturmethode, die den Prinzipien kommunikationsorientierten und schülerzentrierten Unterrichts nach Möglichkeit gerecht zu werden versucht, unter normalen schulischen Bedingungen aber trotzdem ohne große Umstände angewandt werden kann. Sie ist effektiver als die üblicherweise praktizierten Verfahrensweisen, die Mühsal des Korrigierens wird durch sie aber nicht erhöht, sondern vermindert. Effektiver ist sie insofern, als sie es erlaubt, den beratungsbedürftigen Schülern sehr viel mehr und sehr viel genauere Auskünfte über ihre speziellen Schreibprobleme zu geben, als sie es gewohnt sind – ohne dass dabei für Kommentare mehr Raum in Anspruch genommen wird. Der Rotstift tritt also weniger in Erscheinung, während die Anzahl und die Qualität hilfreicher Hinweise zunehmen. Wie sich das erreichen lässt, wird in Kapitel 2 vorgeführt, nachdem in Kapitel 1 das traditionelle Korrekturverfahren an einem Beispiel überprüft worden ist. Kapitel 3 bietet dann eine Orientierungshilfe für Deutschlehrer an, die sich im Fehlerdickicht von Schüleraufsätzen zurechtfinden wollen. Hier finden sich Vorschläge und Übungen, mit denen die Sicherheit beim Identifizieren der Fehler und im Umgang mit sprachlichen Fehlleistungen getestet und verbessert werden kann. Kapitel 4 enthält dann eine Anregung zur differenzierten Aufsatzbewertung, die bei der Urteilsfindung und bei der Rechtfertigung der Notengebung gegenüber Schülern gute Dienste leisten kann. In Kapitel 5 schließlich geht es um die wichtige Frage, wie sich der von vielen Lehrern beklagte pädagogische Leerlauf vermeiden lässt, der normalerweise entsteht, wenn Aufsätze geschrieben, korrigiert und verbessert werden. Es wird gezeigt, dass Aufsatzkorrektur mehr ist als ein Fehlerkennzeichnungs- und Beurteilungsverfahren. Richtig verstanden ist sie ein sich entfaltender, hilfreicher Lehrer-Schüler-Dialog im Rahmen einer im Deutschunterricht so sonst kaum möglichen, besonders ergiebigen Sprachlernsituation.

Ein erweiterter Begriff von Aufsatzkorrektur

Die pädagogische Aufwertung der Fehlerdiagnose und der Verbesserungsarbeit, die in Kapitel 5 als Möglichkeit durchdacht wird, erfordert es, dass der Begriff der „Aufsatzkorrektur" eine erweiterte Bedeutung erhält. Das Interesse an sprachlicher Sicherheit muss auch über die akuten Überarbeitungsprobleme hinausgeführt werden. Die Probleme des sprachlichen Ausdrucks sind, wie man weiß, vielgestaltig und hartnäckig. Sie müssen über die Verbesserungsbemühungen der Schüler hinaus meist mit zusätzlichem Übungsmaterial attackiert werden. Die im Übungsteil des Buches (Kapitel 6) enthaltenen Aufgaben- und Lösungsblätter sind geeignet, die sprachliche Sicherheit auf einem speziellen Gebiet zu testen und zu festigen. Die Schülerinnen und Schüler können diese Materialien unter Anleitung des Lehrers im Unterricht bearbeiten oder auch individuell, nur für sich selbst, nutzen, wenn ihnen daran gelegen ist, bestimmte, immer wieder auftretende Ausdrucks- und Formulierungsprobleme zu überwinden. Die Lösungsblätter, die sie dabei benutzen, sind so angelegt, dass die Hilfe des Lehrers bzw. der Lehrerin weitgehend überflüssig wird.

Sonderfall Abituraufsatz

Die in diesem Buch formulierten unterrichtspraktischen Vorschläge beziehen sich auf Probleme, die sich im schulischen Alltag bei der Korrektur normaler „Klassenarbeiten" ergeben. Beim Umgang mit schriftlichen Abiturarbeiten sind natürlich die veränderten Bedingungen zu berücksichtigen, die in Form der jeweils geltenden Prüfungsregelungen und Beurteilungsmaßstäbe das Korrekturverhalten der Lehrer bestimmen. Die Qualitätsmerkmale, auf die es ankommt, sind im Prinzip natürlich vergleichbar, sie kommen aber im einen und im anderen Fall auf unterschiedliche Weise zur Geltung. Eine didaktisch begründete, kommunikative und schülerorientierte Korrekturpraxis muss in der Prüfungssituation Abitur zwangsläufig ihre Bedeutung verlieren.

Didaktischer Teil

Kapitel 1 Wie man sinnvoll Kritik übt und Fehler kenntlich macht

Textvorlage für einen Interpretationsaufsatz

Franz Kafka

Auf der Galerie

Wenn irgendeine hinfällige, lungensüchtige Kunstreiterin in der Manege auf schwankendem Pferd vor einem unermüdlichen Publikum vom peitschenschwingenden erbarmungslosen Chef monatelang ohne Unterbrechung im Kreise rundum getrieben würde, auf dem Pferde schwirrend, Küsse werfend, in der Taille sich wiegend, und wenn dieses Spiel unter dem nichtaussetzenden Brausen des Orchesters und der Ventilatoren in die immerfort weiter sich öffnende graue Zukunft sich fortsetzte, begleitet vom vergehenden und neu anschwellenden Beifallsklatschen der Hände, die eigentlich Dampfhämmer sind – vielleicht eilte dann ein junger Galeriebesucher die lange Treppe durch die Ränge hinab, stürzte in die Manege, riefe das: Halt! durch die Fanfaren des immer sich anpassenden Orchesters.

Da es aber nicht so ist; eine schöne Dame, weiß und rot, hereinfliegt, zwischen den Vorhängen, welche die stolzen Livrierten vor ihr öffnen; der Direktor, hingebungsvoll ihre Augen suchend, in Tierhaltung ihr entgegenatmet; vorsorglich sie auf den Apfelschimmel hebt, als wäre sie seine über alles geliebte Enkelin, die sich auf gefährliche Fahrt begibt; sich nicht entschließen kann, das Peitschenzeichen zu geben; schließlich in Selbstüberwindung es knallend gibt; neben dem Pferde mit offenem Munde einherläuft; die Sprünge der Reiterin scharfen Blickes verfolgt; ihre Kunstfertigkeit kaum begreifen kann; mit englischen Ausrufen zu warnen versucht; die reifenhaltenden Reitknechte wütend zu peinlichster Achtsamkeit ermahnt; vor dem großen Saltomortale das Orchester mit aufgehobenen Händen beschwört, es möge schweigen; schließlich die Kleine vom zitternden Pferde hebt, auf beide Backen küsst und keine Huldigungen des Publikums für genügend erachtet; während sie selbst, von ihm gestützt, hoch auf den Fußspitzen, vom Staub umweht, mit ausgebreiteten Armen, zurückgelehntem Köpfchen ihr Glück mit dem Zirkus teilen will – da dies so ist, legt der Galeriebesucher das Gesicht auf die Brüstung und, im Schlussmarsch wie in einem schweren Traum versinkend, weint er, ohne es zu wissen.

Aus: Franz Kafka: Erzählungen und Parabeln. Von Roland Kroemer. Hrg. von Johannes Diekhans (= Reihe EinFach Deutsch). Paderborn: Schöningh 2008, S. 41–42

Überlegungen zu Kafkas Parabel

Kafkas Parabel „Auf der Galerie“ weist eine paradoxe Logik auf, die unser normales Realitätsempfinden ganz schön strapaziert. Im ersten Teil stellt der Erzähler sich eine Zirkusveranstaltung vor, die offenbar unter derart ausbeuterischen Bedingungen stattfindet, dass sie einen Besucher dazu veranlassen könnte, unter Protest Einhalt zu gebieten. Ist das als Kritik an skandalösen sozialen Verhältnissen zu verstehen? Man möchte es meinen. Die konditionale Form der Darstellung („wenn ... dann") weckt allerdings den Eindruck, dass hier von dem Erzähler ziemlich realitätsferne, abwegige Spekulationen angestellt werden. Mit dem Protest eines Zirkusbesuchers gegen die laufende Vorstellung ist seiner Meinung nach allenfalls zu rechnen, wenn diese Bedingungen wirklich gegeben sind; die aber sind angeblich fern von aller Realität. Der Anfangssatz des zweiten Teils der Parabel bestätigt diesen Vorbehalt: „Da es aber nicht so ist ..." Die Zirkusveranstaltung wird jetzt noch einmal so beschrieben, wie sie einem normalerweise vorkommt: als allseitig beglückendes Erlebnis. Die Beschreibung ist hier derart verklärend, dass es dem Leser vor Rührung fast die Tränen in die Augen treibt. Der Erzähler präsentiert die illusionäre Welt, die einem blind-begeisterten Publikum vorgeführt wird, im Gegensatz zu der Ausbeutungswelt, die er anfangs beschrieben hat, erstaunlicherweise als die eigentliche Realität. Meint er das wirklich so? Man möchte es kaum glauben, nachdem man im ersten Teil der Parabel – trotz der verwirrenden Erzählhaltung Kafkas – den Eindruck hatte, man könne hier aus der Perspektive des Galeriebesuchers einen illusionslosen Blick hinter die Kulissen einer Zirkus-Show werfen. Die Art, wie der Erzähler die von ihm geschilderten Vorgänge beurteilt, ist wahrhaft befremdend. Die angeblich unrealistische Darstellung im ersten Teil scheint uns der Wahrheit viel näher zu sein als die verklärende, angeblich realistische im zweiten Teil. Nicht der Erzähler, sondern der Galeriebesucher scheint der zu sein, an den wir uns halten müssen. Trotz der vom Erzähler zum Ausdruck gebrachten Realitätszweifel meinen wir zu spüren, dass es da jemanden gibt, der kritisch denkt und sensibel beobachtet, jemanden, der sich nichts vormachen lässt, der Sein und Schein auseinanderhalten kann. Der Schluss der Erzählung macht uns aber wieder unsicher. Wenn der Galeriebesucher – wie wir glauben wollen – auf den Grund der Verhältnisse schaut und auch mutig genug ist, Protest zu erheben, warum tut er es nicht auch am Ende der Geschichte, in dem Augenblick, als die Welt der Illusionen sich hemmungslos entfaltet und sich derart verführerisch als Realität ausgibt, dass sie anscheinend selbst vom Erzähler bedingungslos akzeptiert wird? Merkwürdig ist es schon, dass der sensible, protestbereite Galeriebesucher jetzt zu irgendwelchen kritischen Reaktionen ganz unfähig zu sein scheint, sich irgendwelchen, schwer definierbaren Trauergefühlen hingibt und offenbar das klare Bewusstsein verliert.

Ein Deutungsversuch

All dies bedenkend, könnte man Kafkas Parabel vielleicht so deuten: Wir können gegen die Scheinwirklichkeit, der wir ausgeliefert sind, nichts unternehmen, weil unter ihrem Einfluss unser kritisches Vermögen gelähmt ist. Wir bewahren in uns allenfalls ein vages Gefühl davon, dass etwas Skandalöses mit uns geschieht und dass wir getäuscht werden. Wir sind aber mit unseren Widerstandskräften in dieser illusionären Welt wie in einem schweren Traum versunken. Nur wenn die verschleierte Wirklichkeit uns mit brutaler Offenheit vor Augen träte, könnten wir vielleicht noch die Energie aufbringen, etwas dagegen zu unternehmen. Das aber ist ganz unwahrscheinlich, weil wir die Dinge kaum noch so sehen können, wie sie wirklich sind.

Zu Kafkas Erzählungen – auch zu dieser Parabel – gibt es eine Fülle von unterschiedlichen Deutungen. Dass sich der Autor in diesem Fall – über alle erzählerischen Finten hinweg – auf eine derart eindeutige Interpretation festlegen lässt, ist sehr unwahrscheinlich. Diese Deutung gehört aber zu denen, die sich Schülern auf der Oberstufe plausibel machen lassen. Da der Versuch, die Rätseltexte und Vexierbilder Kafkas auf verbindliche Weise aufzulösen, ohnehin fragwürdig ist, spricht eigentlich nichts dagegen, mit Schülern diejenige Lösung zu erarbeiten und von Schülern diejenige Lösung zu akzeptieren, die ihnen am ehesten einleuchtet – unter der Voraussetzung allerdings, dass die relevanten Aussagen und Besonderheiten des Textes berücksichtigt werden, dass also nicht selektiv gelesen wird, dass dem Text nicht nur bestimmte, für die jeweilige Deutung brauchbare Informationen entnommen werden.

Die Interpretationsnöte der Schüler

Viele Deutschlehrer haben Schwierigkeiten, die Probleme, die ein Text durchschnittlich begabten Schülern und Schülerinnen bietet, einigermaßen realistisch einzuschätzen. Sie müssen dann beim Korrigieren der Aufsätze oft überrascht feststellen, wie viele Schüler in ihrer Not auf krumme und abseitige Wege geraten sind. Die siebzehnjährige Anja im nachfolgenden Beispiel hilft sich damit, dass sie die verzwickten logischen Beziehungen zwischen den beiden Teilen der Parabel einfach außer Acht lässt und für jeden Teil eine eigene, ihr schlüssig erscheinende Interpretation liefert. Wie sie das im Fall des ersten Teils macht, kann man hier nachlesen.

Überlegen Sie bitte, wo und in welcher Form Sie diesen Text korrigieren würden.

Ein Beispiel

„In seiner Erzählung „Auf der Galerie" schildert Kafka den Ablauf einer Dressurnummer in einem Zirkus. Er stellt sich vor, dass diese Reiternummer von einer süchtigen Reiterin ausgeführt und ohne künstlerischen Ausdruck vorgeführt wird und übt Kritik daran. Dass die Reiterin das Publikum nicht in Begeisterung versetzen kann, ist durch Sucht und die Teilnahmslosigkeit, mit der sie ihre Runden dreht, bedingt. Es ist aber auch das mangelhafte Tiermaterial, was zur Ausdruckslosigkeit der Zirkusnummer beiträgt. Aber auch das Publikum und selbst das Orchester können sich der Kritik Kafkas nicht entziehen, weil sie ein so schlechtes Programm über sich ergehen lassen, und die Musiker, die sich der keinesfalls anmutenden Darbietung sogar musikalisch anpassen. Das Beifallsklatschen über die Leistung der Reiterin ertönt nicht vor Begeisterung, sondern es erklärt sich aus der Tatsache, dass man eben während einer Zirkusveranstaltung auch klatschen muss. Kafkas Hoffnung auf Abschaffung solcher Veranstaltungen liegt darin, dass vielleicht eines Tages doch einer der Zuschauer in der Lage sein wird, das Zirkusprogramm kritisch zu beobachten, um dann seinem Missfallen Ausdruck zu geben."

Gefahr vorschneller Deutungen

Die Schülerin Anja hat sich offenbar nach besten Kräften bemüht, der seltsamen Geschichte, die ihr zur Interpretation vorgelegt worden ist, einen Sinn abzugewinnen. Lange hat sie darüber gebrütet und zunächst wahrscheinlich überhaupt nichts verstanden. Dann hat sie gemerkt, dass der Text sich in zwei relativ überschaubare Hälften aufteilen lässt und hat damit begonnen, sich den Inhalt des ersten Teils klar zu machen. Da ist von einer Zirkusveranstaltung die Rede, in der ein und dieselbe, anscheinend ziemlich anspruchslose Dressurnummer sich ständig wiederholt und gegen die am Ende ein Zirkusbesucher von der Galerie aus Einspruch erhebt.

Was will der Dichter damit sagen?

Anja versucht, sich in den protestierenden Zuschauer hineinzuversetzen und sein Unbehagen nachzuempfinden. Nach allem, was sie von dieser fragwürdigen Veranstaltung mitbekommen hat, kann sie ihn nur zu gut verstehen. So ein „Zirkus" würde auch ihr auf die Nerven gehen. Was sie beim Lesen wahrgenommen und auf ihre Weise verstanden hat, ist Folgendes:

- Die Vorführung ist zum Davonlaufen („keinesfalls anmutend", „schlechtes Programm").
- Die Kunstreiterin, die hier auftritt, wirkt auf Anja irgendwie unbeteiligt, sie gibt sich anscheinend keine Mühe („teilnahmslos", „ausdruckslos").
- Weder die Reiterin noch ihr Pferd besitzen die notwendigen Voraussetzungen für schwierige Reiterkunststücke. Beide befinden sich in einem miserablen Zustand („süchtig", „mangelhaftes Tiermaterial").
- Das Orchester spielt unkritisch die Musik, die von ihm verlangt wird, und unterstützt auf diese Weise die primitive Show („Musiker, die sich der keinesfalls anmutenden Darbietung sogar musikalisch anpassen").
- Das Publikum hat überhaupt kein eigenes Urteil. Es spendet mechanisch Beifall (weil „man eben während einer Zirkusveranstaltung auch klatschen muss").

Anja meint, den Sinn der Erzählung jetzt verstanden zu haben: Im Protest des Galeriebesuchers bringt Kafka wohl seinen eigenen Widerwillen gegen minderwertige Massenunterhaltung zum Ausdruck. Der Zirkusbesucher lässt sich nicht alles bieten und erhebt Einspruch. Zu Recht! Solch wertlose Unterhaltung dürfte es gar nicht geben. Kafkas Erzählung kann man nach Anjas Meinung als einen Appell verstehen, derartige Zirkusveranstaltungen abzuschaffen.

Selektive Rezeption

In dieser vorschnellen Deutung findet sich alles wieder, was Anja im ersten Teil der Parabel aufgefallen ist. In ihrer Erleichterung über die plötzlich gewonnene Gewissheit macht sie sich gar nicht klar, dass bei ihrer Lesart wichtige Informationen des Textes unberücksichtigt geblieben sind:

- dass die Reiterin von einem „peitschenschwingenden erbarmungslosen Chef monatelang ohne Unterbrechung im Kreis rundum getrieben" wird.
- dass ein „unermüdliches Publikum" das grausame Spiel immer wieder antreibt – mit dem „Beifallklatschen der Hände, die eigentlich Dampfhämmer sind".
- dass dieses Spiel sich „in die immerfort weiter sich öffnende graue Zukunft" fortsetzt.
- dass die Reiterin sich auf ihrem schwankenden Pferd durchaus kunstvoll bewegt: „schwirrend, Küsse werfend, in der Taille sich wiegend".
- dass hier nicht ein tatsächlicher, sondern ein bloß denkbarer Vorgang beschrieben wird, den der Erzähler – so scheint es – für ziemlich unwahrscheinlich hält (er wählt für die Darstellung eine konditionale Konstruktion: wenn es so wäre – dann vielleicht).

Wenn man die wichtigen Text-Informationen, die Anja übersehen hat, in die Interpretation einbezieht, dann entsteht ein ganz anderes Bild von der Situation, die den Galeriebesucher zum Einschreiten veranlassen könnte. Der Skandal, der zum Protest herausfordert, liegt offenbar nicht in der Niveaulosigkeit der Darbietung, sondern in ihrer Unmenschlichkeit und unabsehbaren Trostlosigkeit. Die Kunstreiterin ist das Opfer einer menschenverachtenden Inszenierung. Der „Chef treibt sie erbarmungslos und ohne Unterbrechung im Kreis herum, das Orchester passt sich dem bösen Spiel mit seiner brausenden, nicht aussetzenden Musik bedenkenlos an, das Publikum drängt mit seinem ständig neu anschwellenden Beifall zum Weitermachen. Sein Klatschen wird mit dem Schlag von Dampfhämmern verglichen. Spätestens hier wird klar, dass Kafka in seiner Parabel nicht irgendeine miserable Zirkusveranstaltung, sondern die modernen, industrialisierten Arbeitsverhältnisse im Blick hat. Wenn die Schülerin das nicht erkennt, sondern sich – ihren Erfahrungsmöglichkeiten gemäß – eher an Massenveranstaltungen im Showgeschäft erinnert fühlt und über die Zirkuswelt als Paradigma nicht hinauskommt, dann ist das nicht das entscheidende Problem ihrer Interpretation. Bedenklicher ist, dass sie für die Bedingungen, unter denen die Kunstreiterin arbeitet, überhaupt kein Interesse aufbringt, d. h. dass sie in einer egozentrischen Betrachtungsweise befangen bleibt (Was würde mich zufrieden stellen? – Was würde mich stören oder abstoßen? – Wie kann ich mich von unerträglichen Zumutungen befreien?) und unter Missachtung eindeutiger Textaussagen die Verantwortung für die beschriebenen qualvollen Verhältnisse vor allem der Kunstreiterin zuschiebt, die doch am ehesten als deren Opfer angesehen werden muss. Die gegen sie erhobenen Vorwürfe (ausdruckslos, gleichgültig, drogenabhängig) sind durchweg aus der Luft gegriffen. Bei sorgfältiger Textlektüre ergibt sich ein ganz anderes Bild: Die Kunstreiterin ist eine junge Frau, die gegen extrem grausame, krank machende Arbeitsbedingungen und gegen ganz und gar trostlose Perspektiven ihre Kunstfertigkeit zu behaupten versucht und ihren schwierigen Job offenbar diszipliniert, mit Charme und erstaunlicher Gelöstheit bewältigt.

Ein Korrekturbeispiel

Die Aufsatzkorrektur muss auf eine für Schüler hilfreiche Weise Unzulänglichkeiten und Fehler bei der Lösung der Aufgabe (hier also bei der Interpretation) anzeigen. Und sie muss formale Probleme kenntlich machen: Rechtschreib- und Zeichensetzungsfehler, gedankliche Fehlleistungen beim Formulieren (z. B. unlogischen Anschluss), Unkontrolliertheit im Ausdruck (z. B. sinnwidrigen Wortgebrauch) und sprachliche Konstruktionsmängel (z. B. Grammatikfehler, Satzbaufehler). Wird das folgende Korrekturbeispiel diesen Anforderungen gerecht?

A stellt dar, gestaltet	In seiner Erzählung „Auf der Galerie" schildert
	Kafka den Ablauf einer Dressurnummer in einem
	Zirkus. Er stellt sich vor, daß diese Reiternummer
A	von einer süchtigen Reiterin ~~ausgeführt und~~ ohne
A ? falsch!	künstlerischen Ausdruck ~~vorgeführt~~ wird und übt
	Kritik daran. Dass die Reiterin das Publikum nicht
A ?	in Begeisterung versetzen kann, ist durch Sucht
	und die Teilnahmslosigkeit, mit der sie ihre Run-
A ?	den dreht, bedingt. Es ist aber auch das mangel-
	hafte Tiermaterial, was zur Ausdruckslosigkeit der
(	Zirkusnummer beiträgt. Aber auch das Publikum
	und selbst das Orchester können sich der Kritik
	Kafkas nicht entziehen, weil sie ein so schlechtes Pro-
.	gramm über sich ergehen lassen, und die Musiker,
A	die sich der keinesfalls anmutenden Darbietung
	sogar musikalisch anpassen. Das Beifallsklat-
	schen über die „Leistung" der Reiterin ertönt nicht
Z	vor Begeisterung sondern es erklärt sich aus der
	Tatsache, dass man eben während einer Zirkusveran-
(	staltung auch klatschen muss. Kafkas Hoffnung
	auf Abschaffung solcher Veranstaltungen liegt darin,
	dass vielleicht eines Tages doch einer der Zuschauer
	in der Lage sein wird, das Zirkusprogramm kritisch
	zu beobachten, um dann seinem Missfallen Aus-
.	druck zu geben.

Analyse des Korrekturbeispiels

Die korrigierende Lehrerin nimmt zunächst Anstoß an einem von der Schülerin gewählten Ausdruck: „**schildern**". Sie markiert die nach ihrer Ansicht verfehlte Wortwahl am Rande mit dem Korrekturzeichen *A* und bietet zwei angeblich besser geeignete Alternativen an. Das Korrekturzeichen *A*, das üblicherweise für Ausdrucksmängel benutzt wird, erweist sich nun aber in vielen Fällen als wenig hilfreich. Es signalisiert auf ziemlich pauschale Weise einen sprachlichen Missgriff, sagt nichts darüber aus, weshalb der betreffende Ausdruck nicht akzeptiert werden kann und ob es Gründe dafür gibt, dass solche Missgriffe passieren. Die Schülerin wird sich hier zu Recht fragen, warum der von ihr gewählte Ausdruck als unpassend zurückgewiesen wird. Schließlich ist die Formulierung „einen Vorgang schildern" durchaus nicht ungebräuchlich, und was ist gewonnen, wenn man ihren Ausdruck durch die von der Lehrerin vorgeschlagenen ersetzt? Auch wir müssen uns fragen: Was hat die Lehrerin zu ihrer Beanstandung veranlasst? Will sie darauf aufmerksam machen, dass Kafka hier nicht ein reales Geschehen wiedergibt, das man schildern (in Worten abbilden) könnte, sondern dass er nur ein Gedankenspiel betreibt, dass die Interpretation also aufgrund einer unkontrollierten Wortwahl schon am Anfang in die falsche Richtung driftet? Wenn das ihre Absicht wäre, dann müsste sie sich deutlicher mitteilen, und sie könnte anerkennend auf den von der Schülerin selbst kurz darauf verwendeten Ausdruck „er stellt sich vor" verweisen, der die Erzählhaltung Kafkas durchaus zutreffend charakterisiert – besser jedenfalls als die von der Lehrerin kommentarlos beigefügten Angebote.

Das vielseitig verwendbare Korrekturzeichen *A* wird dann auch dazu benutzt, die Ausdrücke „**süchtig**" und „**Sucht**" zurückzuweisen. Genau besehen handelt es sich hier aber gar nicht um einen sprachlichen Missgriff. Die Verwendung der beiden Ausdrücke ist in diesem Aufsatz vielmehr ein Hinweis darauf, dass die Schülerin eine Textstelle gründlich missverstanden hat. Sie weiß vermutlich nicht, dass der Ausdruck „lungensüchtig" auf eine Krankheit verweist und nicht auf Drogenabhängigkeit. Für Anja stellt sich die Sache möglicherweise so dar, dass die Kunstreiterin extrem nikotinabhängig ist und dass sie deshalb für ihren schweren Job nicht mehr die notwendige Disziplin aufbringen kann. Auf dieses Missverständnis, das vermutlich entscheidend dazu beiträgt, dass die Interpretation in die falsche Richtung läuft, muss man sie aufmerksam machen. Die Lehrerin scheint ja zu merken, dass hier eher Verständnisprobleme als Ausdrucksprobleme vorliegen. Da ihr für solche Fälle aber keine passenden Korrekturzeichen zur Hand sind, behält sie das *A* bei und fügt nur ein kleines **Fragezeichen** hinzu, was wohl so viel heißen soll wie: Ich verstehe gar nicht, wie du darauf kommst.

Die Fehler der Textrezeption, die in dem Aufsatz jetzt immer häufiger hervortreten und die die Interpretation entscheidend beeinträchtigen, werden von der Lehrerin zunächst weiterhin mit dem Korrekturzeichen *A* angezeigt. Daneben erscheinen die strenge Zurechtweisung „**falsch!**" und das oben schon benutzte **Fragezeichen**, das sich schließlich verselbstständigt und immer größer wird. Sprachloses Erstaunen scheint darin zum Ausdruck zu kommen. Das wirkt so, als habe die Lehrerin alle Hoffnung aufgegeben und könne nur noch verzweifelt die Hände ringen. Der beratende Dialog, auf den doch beim Korrigieren alles ankommt, ist hier abgebrochen. Er endet in Gesten der Ratlosigkeit, auf die die Verfasserin des Aufsatzes beim besten Willen nicht mehr aufgeschlossen und lernbereit reagieren kann.

Im Fall der Formulierung **„mit der sie ihre Runden dreht"** ist wieder nicht einzusehen, warum man die Schülerin hier nicht gewähren lassen kann. Davon abgesehen, ist das Korrekturzeichen hier aber sinnvoll eingesetzt. Man sollte es auch in Bezug auf den Ausdruck **„Tiermaterial"** verwenden, der hier wirklich nicht passend erscheint. Das Fragezeichen am Rand kann nur Verwirrung stiften, denn was gemeint ist, ist doch eigentlich klar. Dass der Ausdruck **„anmutend"** nicht akzeptiert wird, lässt sich verstehen. Er wirkt hier ziemlich deplatziert. Die Schülerin wird bei dem undifferenzierten Hinweis aber wieder nicht erkennen können, was an ihrer Sprache eigentlich anstößig ist: Hat sie sich einfach nur ungeschickt ausgedrückt? Lässt sich das besser sagen? Kann man den Ausdruck in diesem Zusammenhang vielleicht nicht verwenden? Liegt hier ein Stilbruch vor? Hat sie die Bedeutung des Wortes nicht richtig verstanden? Hat sie vielleicht gar einen Ausdruck gewählt, den es gar nicht gibt?

Der Aufsatz enthält auf der hier präsentierten Seite einen nicht sehr schwer wiegenden **Grammatikfehler**, der bei der Korrektur übersehen wird. Es handelt sich hier um die unrichtige Verwendung der Präposition:

„Das **Beifallklatschen über** die Leistung der Reiterin"

Wahrscheinlich entsteht dieser Fehler aufgrund der Assoziation mit einer analogen, zweifelsfrei zulässigen Formulierung:

„Die **Freude über** die Leistung der Reiterin"

Die Analogie ist hier irreführend, weil der Begriff „Beifallklatschen" sich mit Hilfe präpositionaler Ausdrücke nicht so selbstverständlich erläutern lässt wie der Begriff „Freude". Man könnte allenfalls sagen: „Das Beifallklatschen **wegen**/**aufgrund** der Leistung ...". Aber das ist nicht sehr empfehlenswert. Man sollte der Schülerin raten, ihren Satz umzuformulieren, z. B. so:

„Der Beifall, der der Leistung der Reiterin gilt, ist kein Zeichen von Begeisterung. Er erklärt sich aus der Tatsache, ...

Probleme des konventionellen Korrekturverfahrens

Die Analyse des vorgelegten Korrekturbeispiels soll grundsätzliche Probleme des herkömmlichen Korrekturverfahrens deutlich machen, das mit wenigen standardisierten Hinweiszeichen, mit Unterstreichungen und gelegentlichen Randkommentaren arbeitet. Ein Problem besteht darin, dass die Anwendung dieser Mittel aufgrund der extrem belastenden, ermüdenden Korrekturarbeit oft inkonsequent und unsystematisch erfolgt, vor allem aber darin, dass die Schüler und Schülerinnen trotz der Fülle roter Markierungen, die sie oft in ihren Arbeiten finden, viel zu wenig brauchbare Informationen erhalten, die ihnen weiterhelfen und die sie dazu ermutigen, sich an die mühevolle Überarbeitung ihrer Texte zu machen.

Versuchen wir, in einem ersten Anlauf, der Schülerin Anja eine Korrektur ihrer Arbeit anzubieten, in der die für sie wichtigen Erläuterungen und Hinweise zu finden sind.

Die eigentlich erforderlichen Korrekturhinweise

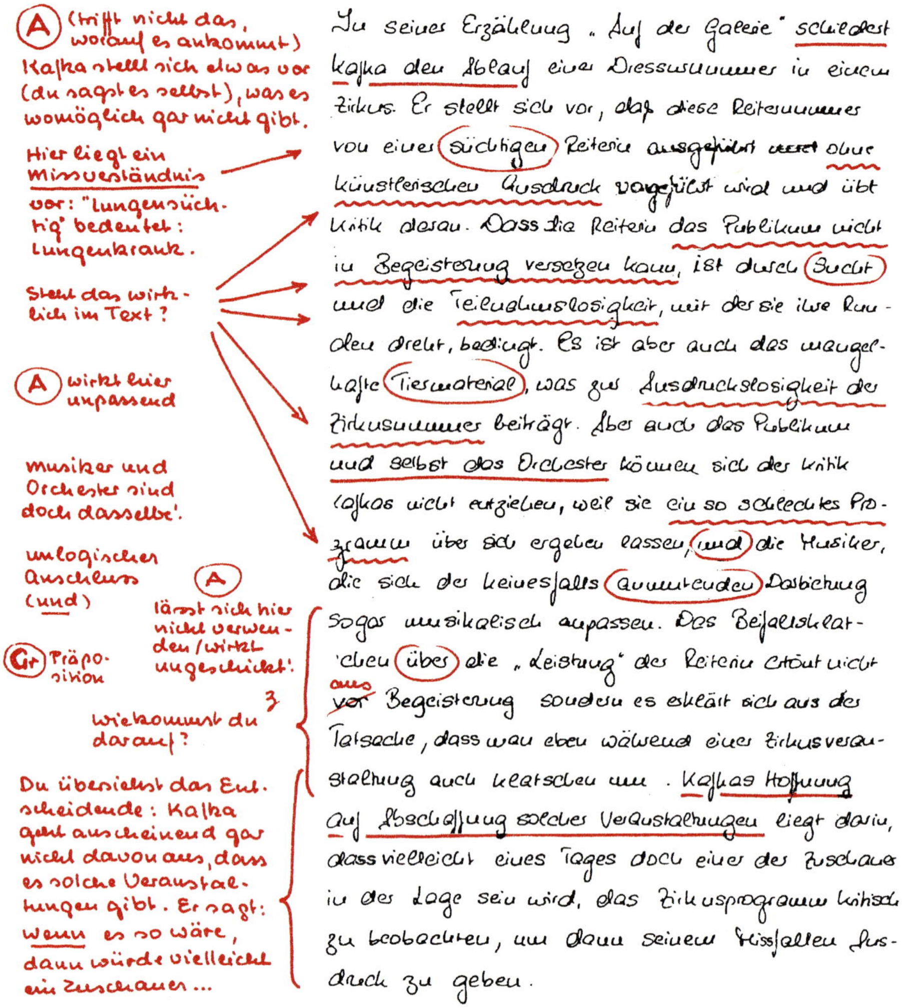

Nein! So geht es natürlich nicht. Die Korrektur enthält jetzt zwar viele für die Schülerin wichtige Informationen und sie ist im Ton ansprechender geworden (Erklärungen und interessiertes Rückfragen statt besserwisserischer, harscher Kritik). Das Ganze wirkt aber ziemlich unübersichtlich. Die Anmerkungen überwuchern den Text. Die Schülerin wird sich darin kaum noch wiedererkennen. Und vom enorm gestiegenen Arbeitsaufwand für den korrigierenden Lehrer soll gar nicht erst geredet werden. Eine andere Lösung muss her. Im nächsten Kapitel.

Kapitel 2 Der Korrekturschlüssel

Ein alternatives Korrekturverfahren

Der Korrekturschlüssel ist über viele Jahre erprobt und immer wieder verbessert worden. Er ist ein methodische Hilfsmittel, das Schüler aktiviert und Lehrern die Arbeit erleichtert; im praktischen Umgang mit den Formulierungsschwierigkeiten in Schülerarbeiten hat er sich als vorteilhaft erwiesen. Es handelt sich um eine übersichtlich strukturierte Liste von schülernah (d.h. möglichst konkret und einfach) formulierten Fehler- und Verbesserungshinweisen, auf die der Lehrer/die Lehrerin bei der Korrektur Bezug nimmt. Die Verständigung mit Hilfe des Korrekturschlüssels macht es möglich, die Anmerkungen im Schülertext auf ganz knappe Zeichen (Ziffern, eventuell auch Unterstreichungen) zu reduzieren, die damit verbundenen Informationen aber gleichwohl enorm zu erweitern und zu präzisieren. Die Eingriffe mit dem Rotstift werden unaufdringlicher, an die Stelle der herkömmlichen, sehr allgemeinen Anmerkungen (**Gr, A, I** u.a.) treten differenziertere Fehlerhinweise, die sehr genau an der problematischen Stelle im Text selbst platziert werden können. Diese Hinweise beziehen sich auch auf inhaltliche und gestalterische Fragen und klären – wenn möglich – auch darüber auf, wie bestimmte Fehler entstehen. Es sind weniger Urteile als hilfreiche Anregungen. Sie sind so formuliert, als seien sie Teil eines Gesprächs, d.h. sie suchen den Ton des Vorwurfs, der Zurechtweisung und der besserwisserischen Belehrung zu vermeiden, entsprechen eher der Haltung eines am Verstehen interessierten nachfragenden Lesers, der an der Entstehung eines einwandfrei formulierten Textes mitarbeitet.

„Die sparen eine Menge Zeit, seit sie ihre Argumente nummeriert haben!"

Der Korrekturschlüssel lässt sich auf eine DIN-A4-Seite kopieren.

Korrekturschlüssel

Sachbezug

1. Stimmt das denn?
2. Steht das wirklich im Text?
3. Hier liegt ein Missverständnis vor.
4. Das sagst du einfach so. Es wird nicht klar, wie du darauf kommst.
5. Gehört das hierher?
6. Du übersiehst das Entscheidende.
7. Hier muss etwas eingefügt werden, damit man dich richtig versteht.
8. Berichtest du hier – oder trägst du deine eigene Meinung vor? Das lässt sich nicht klar erkennen.
9. Referierst du hier einen Inhalt oder erzählst du eine Geschichte? (**Inhaltsangaben** immer im Präsens!)

Überlegtheit

10. Muss man das überhaupt sagen? Es ist doch eigentlich eine Selbstverständlichkeit **(Trivialität)**.
11. Deine Aussage dreht sich im Kreis. Sie erklärt nichts **(Tautologie)**.
12. Deine Aussage enthält einen **Widerspruch**.
13. Du bringst inhaltlich Verschiedenes durcheinander, was auseinandergehalten werden muss.

Gedankenverknüpfung

14. Du verweist hier mit einem Pronomen oder mit einem hinweisenden Adverb („dort", „darauf", „darüber", „damals") auf etwas, das du zuvor nicht benannt hast **(falscher Rückbezug)**.
15. Diese Konjunktion („und", „aber", „auch", „weil", „deshalb" „trotzdem") ergibt hier keinen Sinn **(unlogischer Anschluss)**.
16. Du ziehst in einem Satz zusammen, was auseinandergehalten werden muss **(gedanklicher Kurzschluss)**.

Gedankengang

17. Deine Aussage wirkt unvermittelt. Sie lässt sich nicht in den Gedankengang einordnen.
18. Hier fehlt eine Überleitung. Der Gedankengang wirkt sprunghaft.
19. Die Weiterführung des Gedankens wirkt irritierend.
20. Das Argument ist nicht sehr überzeugend.
21. Das hast du (so oder mit anderen Worten) schon gesagt **(unnötige Wiederholung)**.
22. Du sagst hier etwas ganz anderes als weiter oben. Was gilt denn jetzt?
23. Der Gedankengang wird hier einfach abgebrochen.

Wortwahl/Ausdrucksweise

24. Das Wort bedeutet nicht das, was du sagen willst.
25. Das Wort/der Ausdruck wirkt unpassend, er lässt sich in diesem Zusammenhang nicht verwenden.
26. Du hast hier zwei ähnlich klingende Worte verwechselt.
27. Dieses Wort/diesen Ausdruck gibt es nicht im üblichen Sprachgebrauch.
28. Du sagst hier zweimal dasselbe **(Pleonasmus)**.
29. Der Ausdruck trifft nicht das, worauf es ankommt, weckt falsche Vorstellungen.
30. Der Ausdruck wirkt unfreiwillig komisch.
31. Der Ausdruck ist zu blass. Er sagt kaum etwas aus.
32. Der Ausdruck gehört der Umgangssprache an. Beim Schreiben kann man ihn normalerweise nicht verwenden.
33. Diesen Ausdruck benutzt du allzu oft.
34. Du drückst dich hier sehr umständlich aus. Lässt sich das Gemeinte nicht einfacher sagen?
35. Du achtest nicht auf festliegende Wortverbindungen **(Kollokationen)**.

36. Du wirfst hier mehrere mögliche Formulierungen durcheinander **(Kontamination)**.

Grammatik

37. Das **Verhältniswort** (die Präposition) ist falsch gewählt.
38. Das **Bindewort** (die Konjunktion) ist falsch gewählt.
39. Die **Zeit** ist falsch gewählt.
40. Du benutzt hier nicht den richtigen **Fall.**
41. Du achtest nicht auf das grammatische **Geschlecht**.
42. Der **Rückbezug des Pronomens** ist so nicht möglich.
43. Du benötigst hier die **Möglichkeitsform**.
44. Die Möglichkeitsform ist hier unangebracht.
45. Du benutzt hier fälschlich den Infinitiv mit **„um zu"**.
46. Hier hast du etwas Wichtiges ausgelassen.

Satzbau

47. Der Satz ist unvollständig.
48. Der Satz ist verschachtelt. Versuche, ihn neu zu ordnen und verständlich zu formulieren.
49. Der unterstrichene Teil lässt sich grammatisch nicht einordnen.
50. Du hast vermutlich vergessen, wie dein Satz anfängt. So kannst du ihn nicht fortführen **(Satzbruch)**.

Er stellt sich das nur vor – wie du selbst sagst.

"lungensüchtig" bedeutet: lungenkrank.

Kafka behauptet nicht, dass es solche Veranstaltungen gibt.

In seiner Erzählung „Auf der Galerie" schildert [29]
Kafka den Ablauf einer Dressurnummer in einem
Zirkus. Er stellt sich vor, daß diese Reiternummer
von einer süchtigen [3] Reiterin ausgeführt ~~wird~~ ohne
künstlerischen Ausdruck vorgeführt wird und übt
Kritik daran. Dass die Reiterin das Publikum [2] nicht
in Begeisterung versetzen kann, ist durch Sucht [3]
und die Teilnahmslosigkeit [2], mit der sie ihre Runden
dreht, bedingt. Es ist aber auch das mangel-
hafte Tiermaterial [25], was zur Ausdruckslosigkeit [2] der
Zirkusnummer beiträgt. Aber auch das Publikum
und selbst das Orchester können sich der Kritik
Kafkas nicht entziehen, weil sie ein so schlechtes Pro-
gramm [2] über sich ergehen lassen, und [15] die Musiker,
die sich der keinesfalls anmutenden [25] Darbietung
sogar musikalisch anpassen. Das Beifallsklat-
schen über [37] die „Leistung" der Reiterin erfolgt nicht
3 4 vor Begeisterung sondern es erklärt sich aus der
Tatsache, dass man eben während einer Zirkusveran-
staltung auch klatschen muss. Kafkas Hoffnung
auf Abschaffung solcher Veranstaltungen liegt darin,
dass vielleicht eines Tages doch einer der Zuschauer
6 in der Lage sein wird, das Zirkusprogramm kritisch
zu beobachten, um dann seinem Missfallen Aus-
druck zu geben.

Umstellung auf die neue Methode

Trotz sehr viel größerer Effektivität erhöht diese Korrekturmethode nicht den Arbeitsaufwand. Es braucht natürlich eine gewisse Zeit, bis man sich an den Umgang mit dem Korrekturschlüssel gewöhnt und sich die am häufigsten wiederkehrenden Anmerkungen mit den dazugehörigen Ziffern eingeprägt hat. Zudem wirft die Differenziertheit, mit der jetzt auf die Fehler in den Schülertexten eingegangen wird, manche ungewohnte Entscheidungsprobleme auf (der Lehrer/die Lehrerin muss viel gezielter reagieren, muss die Art der „Verfehlung" genauer kennzeichnen). Abgesehen von solchen Anfangsschwierigkeiten wird sich die Korrekturarbeit aber auf überraschende Weise beschleunigen, da die in vielen

Fällen erforderlichen Zusatzkommentare sich weitgehend erübrigen. Bei Rechtschreib- und Zeichensetzungsfehlern gilt weiterhin die herkömmliche knappe Markierung am Rand.

Grenzen der Methode

Ein gewisser Nachteil des Korrekturschlüssels könnte darin gesehen werden, dass Lob und Bestätigung überhaupt nicht vorgesehen sind. Hier liegen in der Tat die Grenzen der vorgeschlagenen Methode. Positive Rückmeldungen, Ratschläge, die Formulierung eines Gesamteindrucks: so etwas lässt sich schwerlich standardisieren und rationalisieren. Wenn derartige Reaktionen glaubhaft und ermutigend sein sollen, müssen sie – wie bisher – als unmittelbare, persönliche Äußerungen des Lehrers oder der Lehrerin neben bzw. am Ende der Arbeit ihren Platz finden.

Motivation der Schüler zur Textverarbeitung

Auf dem Weg über die Korrekturziffern gewinnen die Schüler und Schülerinnen eine Fülle hilfreicher Kommentare zu ihrer Arbeit. Die müssen allerdings – und das ist durchaus motivierend – erst einmal entschlüsselt werden. Die Anmerkungsliste, die jeder Schüler vorliegen hat, ist übersichtlich gegliedert und macht insgesamt deutlich, worauf es beim Formulieren ankommt. Die Schüler und Schülerinnen können ihre speziellen Schwierigkeiten (d. h. Ziffern, die besonders häufig in ihren Arbeiten auftauchen) darin mit Textmarker hervorheben, um sie bei künftigen Schreibversuchen im Blick zu behalten. Mit Hilfe des vorliegenden Übungsbuchs können sie sich gezielt darum bemühen, dass diese Schwierigkeiten sich immer weniger bemerkbar machen.

Das hier vorgeschlagene Korrekturverfahren hat erfahrungsgemäß zur Folge, dass die Schüler und Schülerinnen sich mit den sprachlichen Schwächen ihrer Texte sehr viel bereitwilliger und sehr viel intensiver beschäftigen, als das normalerweise geschieht. Die Fehlerhinweise in Form von Ziffern werden mit Hilfe der Korrekturliste entschlüsselt und dann auf ihre Berechtigung hin überprüft. Das gibt viel Anlass zu lebhaften Gesprächen mit dem Lehrer/der Lehrerin und in der Lerngruppe. Der im kommunikativen Ton der Korrekturhinweise angelegte Dialog kann so im Rahmen einer Unterrichts-Doppelstunde als eine Art Workshop-Diskussion tatsächlich stattfinden.

Die Verbesserung sollte dann (immer im Rahmen des ganzen Satzes) möglichst am Text entlang erfolgen und zwar so, dass die Überarbeitung auf gleicher Höhe neben der korrekturbedürftigen Passage erscheint. Die parallel laufende Verbesserung erleichtert den Schülern die textbezogene Formulierungsarbeit und erspart dem Lehrer bei der Kontrolle das lästige Hin- und Herblättern zwischen dem ursprünglichen Text und der überarbeiteten Fassung. Sie lässt sich leicht durchführen, wenn man zwischen die beschriebenen Seiten des Arbeitshefts einzelne Blätter legt, die die Korrekturen zur jeweils gegenüberliegenden Textseite aufnehmen.

Kapitel 3 Wie man sich im Fehlerdickicht zurechtfindet

Saul Steinberg

Dass Deutschlehrer beim Umgang mit den sprachlichen Entgleisungen ihrer Schüler durchweg sachkundig und sicher reagieren, ist leider nicht selbstverständlich. Manche haben der Entwicklung ihrer sprachkritischen und sprachanalytischen Fähigkeiten im Laufe der Fachausbildung nicht genügend Aufmerksamkeit geschenkt und stehen den krausen Formulierungen, die sich in Schüleraufsätzen häufen, oft ziemlich ratlos gegenüber. In vielen Fällen entsteht aus dem ständigen Umgang mit sprachlichen Fehlleistungen aber auch Ermüdung, Unkonzentriertheit und eine gewisse Betriebsblindheit, was dazu führt, dass man den Eigentümlichkeiten der Schülersprache gegenüber eine ungute, aus Gewöhnung und Überdruss resultierende Toleranz entwickelt und nur noch die wirklich gravierenden Entgleisungen registriert. Das Schwinden sprachlicher Sensibilität in der privaten und öffentlichen Kommunikation, das mit dem Bedeutungsverlust der kultivierten Schriftsprache in der modernen Mediengesellschaft zu tun hat, macht sich natürlich auch bei Deutschlehrern bemerkbar. Nachlässiger, unüberlegter Sprachgebrauch findet sich überhaupt mehr und mehr auch bei Leuten, von denen man – weil es zu ihrem Beruf gehört – eine besondere Reflektiertheit beim Reden und Schreiben erwartet. Auf den Seiten 24/25 und 44–47 sind einige befremdliche Beispiele von journalistischen Vielschreibern und politischen Vielrednern zusammengetragen, die nicht nur zum Schmunzeln Anlass geben. Beunruhigend ist, dass Fehlleistungen dieser Art, denen wir in Zeitungen, in Rundfunk- und Fernsehsendungen und auch in wissenschaftlichen Publikationen immer häufiger begegnen, oft kaum noch auffallen. Ich kenne viele intelligente Leute, auch Deutschlehrer, die mir bei der Betrachtung der zusammengestellten Beispiele oft gar nicht sagen konnten, was da im einen oder anderen Fall eigentlich problematisch war. Machen Sie selbst einen Versuch.

Ein Dokument von hoher historischer Tragweite (FR)

SZ: „Tiefe Sorge über die humanen Konsequenzen"

Kürzere Studiengänge müssen tatsächlich studierbar sein (FR)

FR: Neuer Asylkurs wirft tiefe Gräben in der SPD auf

Aufgespießt (FR)

„An dieser Stelle hatte Willy Brandt 1970 einen Kniefall getan. Nach der kurzen Zeremonie sagte der Außenminister Fischer, das demokratische Deutschland wisse, dass solche schrecklichen Taten nie wieder geschehen dürfen."

Aus dem Bericht des *Kölner Stadtanzeiger* über den Besuch von Bundesaußenminister Joschka Fischer in Warschau.

Dickes Loch auch im Bad Homburger Haushalt (FR)

Vorgeplante Tötungsabsicht wird der Mutter nicht unterstellt (FR)

Erläuterungen und Verbesserungsvorschläge: Seiten 88/89

Musikalisch war die Aufführung bei Sebastian Weigle in umsichtigen Händen

Aus der Besprechung der Bayreuther Meistersinger-Premiere vom 25.7.07 (Frankfurter Rundschau)

Unfreiwillig komisches Bild

Korrekturschlüssel Nr. 30

Von der Kunst, nur sich selbst zu sein

Françoise Sagan stirbt,

Paris entdeckt eine tragische Heldin des literarischen Lebens

Überschrift zu einem Bericht in der Süddeutschen Zeitung vom 27.9.04

Grammatikfehler (Kasus)

Korrekturschlüssel Nr. 40

Der Bestseller im Herbst

Ein atemlos spannendes Abenteuer voller Magie!

Der erste Kinderroman von Philip Kerr

Aus einer Buchwerbung in der Literaturbeilage der Süddeutschen Zeitung 2004

Gedanklicher Kurzschluss

Korrekturschüssel Nr. 16

Berlin – Kulturstaatsminister Bernd Neumann (CDU) und Bundestagsvizepräsident Wolfgang Thierse (SPD) haben die Einigung des Kabinetts auf eine Dokumentationsstätte über Flucht und Vertreibungen begrüßt. Nach einer schwierigen Annäherung sei ein „herausragender Schritt" zur Aufarbeitung europäischer Geschichte gelungen, sagte Neumann am Mittwoch in Berlin. [...]

Süddeutsche Zeitung, 20./21.3.2008

Der „herausragende Schritt" ist ein

Unfreiwillig komisches Bild

Korrekturschlüssel Nr. 30

Notwendige Anforderungen

Zum **sicheren Umgang mit sprachlichen Fehlleistungen** gehört:

- ein Gefühl dafür zu haben, wo Sprache aus dem Ruder läuft (**Fehler entdecken**),
- differenzierte Kenntnisse über die unterschiedlichen Fehlerarten zu besitzen (**Fehler identifizieren**),
- die Fähigkeit zu besitzen, die Schüler und Schülerinnen über das Zustandekommen ihrer Fehler und über Verbesserungsmöglichkeiten verständnisvoll und verständlich zu informieren (**Überarbeitungshilfe**).

Hier zunächst die unbedingt notwendige Übersicht über die Fehlerarten, mit denen man in Schüleraufsätzen auf der Oberstufe rechnen muss. Die Übersicht stellt die am häufigsten auftretenden Fehler zusammen und gliedert sie in drei Gruppen: in **gedankliche Fehlleistungen**, **Ausdrucksmängel** und **Konstruktionsfehler**. Die verschiedenen Fehlerkennzeichnungen sind mit Beispielen versehen, an denen man erkennen kann, was jeweils gemeint ist.

Bezug zum Korrekturschlüssel

Der Bezug zu den Fehlerhinweisen im Korrekturschlüssel wird dort durch **Fettdruck** kenntlich gemacht. Die gliedernde Zusammenfassung erfolgt im Korrekturschlüssel allerdings z. T. unter anderen Oberbegriffen, die für Schüler leichter verständlich sind. Hinweise zum Sachbezug, zum Stil und zur gedanklichen Ordnung können natürlich nur im Korrekturschlüssel auftauchen, weil sie nicht typische sprachliche Fehlleistungen betreffen und den Bezug zum konkreten Fall im jeweiligen Schüler-Text erfordern.

Verschiedene Fehlerarten

gedankliche Fehlleistungen

1.	**Trivialität** (Binsenweisheit)	Eins ist mir klar zu jeder Frist: **Das Leben ist so, wie es ist.**
2.	**Tautologie** (gedanklich auf der Stelle treten)	**Die Armut kommt von der pauvreté.**
3.	**ungeklärte Vorstellungen** (Widersprüche, Konfusionen, Denkfehler)	Die Behauptung stützt sich auf **falsche Tatsachen**.
4.	**gedanklicher Kurzschluss**	Nachts ist es **kälter als draußen**.
5.	**unlogischer Anschluss**	Die Bemerkung löste Heiterkeit aus, die **aber** entspannend wirkte.

unkontrollierte Ausdrucksweise	**6.**	**sinnwidriger Wortgebrauch**	Sorge über die **humanen** Konsequenzen
	7.	**Wortverwechslung**	Jeder Tag ähnelt dem **hervorgegangenen**.
	8.	**unpassende Wortverwendung**	Es **herrschte** eine schreckliche **Zeit**.
	9.	**Worterfindung**	**Gefühlsarmheit**
	10.	**Pleonasmus** („doppelt gemoppelt")	Da trat ein **alter Greis** auf mich zu.
	11.	**Kontamination** (Kreuzung möglicher Ausdrucksweisen)	Das **spielt eine** besondere **Bedeutung**.
	12.	**Kollokationsfehler** (Missachtung vorgegebener Formulierungen)	Hier **tritt** sein Sadismus **zum Vorschein**.
	13.	**gedankenloser Umgang mit sprachlichen Bildern**	Der **Zahn der Zeit**, der schon so manche **Träne getrocknet** hat, wird auch über dieser Wunde **Gras wachsen lassen**.
	14.	**Ungeschicklichkeiten im Ausdruck**	Das ist der **Start von dem Schluss** dieser Szene.
	15.	**Stilbruch**	Patienten, die langsam aber sicher **abkratzen**.
Konstruktionsfehler	**16.**	**Grammatikfehler**	**Als Erstes** tritt der Elfenkönig in Erscheinung.
	17.	**Satzbruch**	Es geschieht oft, **dass**, je freundlicher man ist, **nur Undank wird einem zuteil**.
	18.	**Satzbaufehler**	Sie können sich nicht vorstellen, **dass, wenn man** alles verloren hat, **man sich** über eine Uhr freuen kann.

Fehlerbestimmungs-Übungen

Die folgenden Fehlerbeispiele stammen aus Interpretationen zu Gustave Flauberts Roman „Madame Bovary" (1857). Bestimmen Sie mit Hilfe der Liste „Verschiedene Fehlerarten", um welchen Fehler es sich jeweils handelt.

Fehlerart:

Fehlerbeispiel:

Emma heiratet den Landarzt Charles Bovary.

1. Sie hat den Traum, dass, wenn sie den Landarzt heiraten würde, könnte sie ein vornehmes Leben führen.
2. Charles ist ein langweiliger Ehemann – ganz im Gegensatz zu Emma.
3. Emma verfällt in schwerfällige Tagträume.
4. Die Erfüllung ihrer romantischen Romane findet sie im wirklichen Leben nicht.
5. Sie gibt Charles die Schuld an ihrer Unglückseligkeit.

Emma wird schwanger.

6. Sie will, dass es ein Junge wird. Aber als es ein Mädchen wird, fällt sie in Ohnmacht.
7. Das Kind ist ihr zu viel Arbeit.

Sie gibt das Kind zu einer Amme.

8. Eines Tages überkommt Emma das Gefühl, ihre Tochter zu besuchen.
9. Sie hat Verlangen danach, wie es wohl ist, eine Mutter zu sein.

Emma bittet ihren Verehrer Léon, sie zu der Amme zu begleiten.

1. Emma und Léon fühlen sich zueinander angezogen.
2. Léon ist von Emmas Schönheit hin- und hergerissen.
3. Er scheint der Einzigste zu sein, der sie versteht.
4. Bei ihrem Gespräch entdecken die beiden viele Gemeinsamkeiten, z. B. Sonnenuntergänge.
5. Ehebruch war zu dieser Zeit etwas, das man einfach nicht machte und schon gar nicht darüber redete.

Erläuterungen und Verbesserungsvorschläge: Seite 89–90

Fehlerart:

Emma und Léon bei der Amme.

6. Als sie die Gartentür betreten, kommt ihnen die Amme entgegen.
7. Anhand der Beschreibung des Innenraums kann man annehmen, dass die Amme nicht reich ist.
8. Die Amme verdient sehr wenig, denn sie versucht, von Emma Seife zu bekommen.
9. Die Amme bittet Emma, dem Krämer Bescheid zu sagen, dass, wenn sie Seife benötige, sie diese ohne Probleme bekommen kann.
10. Wenn Emma beim Krämer vorbeigeht, soll er der Amme Seife vorbeibringen.

Es fällt Emma schwer, sich wie eine Mutter zu verhalten

12. Emma will sich nicht schmutzig machen. Denn als sie ihr Kind hochnimmt, muss es sich übergeben.
13. Léon befürchtet, dass Emma durch seinen zudringlichen Blick seine Gedanken lesen kann.

Kapitel 4 Wie man Aufsätze beurteilt

Differenziertheit und Ausgewogenheit des Urteils

Bei der Gesamtbeurteilung schriftlicher Arbeiten wird normalerweise zwischen inhaltlichen und formalen Qualitäten unterschieden. Im Rahmen dieser Unterscheidung lassen sich – mit wechselnder Schwerpunktsetzung – Detailbewertungen unterbringen, die das Gesamturteil, das meist die Form einer Note annimmt, mal besser, mal schlechter begründen. Eine systematische Beurteilung, die das ganze Ensemble notwendiger Anforderungen im Blick hat und die betreffende Arbeit in all ihren Leistungsdimensionen wahrnimmt, ist in der Regel nicht zu erwarten. Sie gilt wohl als allzu aufwändig, und es scheint auch an einer überschaubaren, praktikablen Zusammenstellung der wichtigsten Maßstäbe zu fehlen, die bei der Beurteilung schriftlicher Arbeiten in Betracht gezogen werden müssen.

Der hier vorgelegte Beurteilungsbogen versucht, die Probleme einer differenzierten, ausgewogenen Beurteilung zu lösen und der Notenfindung eine solidere Basis zu geben. Er stellt in zwei Spalten die wünschenswerten Eigenschaften schriftlicher Arbeiten den oft anzutreffenden Schwächen gegenüber und gliedert Qualitäten und Mängel so, dass die Maßstäbe, die hier zur Geltung kommen müssen, klar hervortreten.

Beurteilungsbogen für schriftliche Arbeiten →

Umgang mit dem Beurteilungsbogen

Auf diesem Beurteilungsbogen werden nach der Korrektur die die jeweilige Einzelarbeit kennzeichnenden Vorzüge oder Defizite in den verschiedenen Anforderungsbereichen festgestellt und mit einem gelben Textmarker optisch hervorgehoben. Wenn die betreffende Leistung im Hinblick auf eine bestimmte Anforderung uneinheitlich ist, wenn im Hinblick auf ein und dieselbe Anforderung eindeutig Positives neben eindeutig Negativem erscheint, muss eventuell **beidseitig markiert** werden. Qualifikationen, die sich eigentlich ausschließen, treten dann nebeneinander.

Wo Leistungen und Mängel nicht entschieden qualifiziert werden können, wo positive Beurteilungen nur mit Einschränkungen gelten und negative kein allzu großes Gewicht haben, genügt die **einfache Unterstreichung.**

sehr gut .... gut .... befriedigend .... ausreichend .... mangelhaft

Aufgabe richtig verstanden. Alle Aufgabenteile angemessen berücksichtigt. Die Arbeit ist vollständig ausgeführt. Der Umfang entspricht den Anforderungen.

Angemessenes Textverständnis

Alle wichtigen Inhalte werden erfasst. **Blick für das Wesentliche**. Der Text wird überall **richtig verstanden. Zitate** als Beleg und zur Veranschaulichung. Gut begründete, **überzeugende Textdeutung**.
Originelle Interpretation.

Angemessenes Sachverständnis

Die Arbeit beruht auf **gründlicher Information**, enthält viele interessante Informationen. Die Mitteilungen sind zuverlässig und präzise. Die **Probleme**, um die es geht, werden **erkannt** und überzeugend herausgearbeitet.

Sorgfältige Sachklärung/ überzeugende Urteilsbildung

Benennt Ursachen und Bedingungen, macht **Zusammenhänge** deutlich. Aussagen sind begründet, Gedanken nachvollziehbar entwickelt. Die Denkrichtung wird konsequent beibehalten. **Der eigene Standpunkt** wird deutlich gemacht.

Klarer, eigenständiger Sprachgebrauch

Persönliche, verständliche Ausdrucksweise, treffende Formulierungen, Verwendung von Fachbegriffen. Geordnete, differenzierte Darstellungsweise, die unterscheidet, was unterschieden werden muss – und die auch Ambivalenzen erfasst.

Ansprechende Präsentation

Achtet auf **Lesbarkeit** (deutliche Schrift, klares Textbild) und **Übersichtlichkeit** (sinnvolle Textgliederung). **Einfallsreiche Gestaltung**.

Aufgabe weitgehend missachtet. Unausgewogenheit der Teile. Es fehlt: ....
Umfang allzu begrenzt.

Unzureichendes Textverständnis

Wichtiges wird übersehen, Nebensächliches wird betont. Es fehlt der Blick für das Wesentliche. **Missverständnisse** und Fehldeutungen. **Subjektive Lektüre**, die vieles in den Text hineinliest, was gar nicht drinsteht. **Wenig überzeugende Textdeutung**.

Unzureichendes Sachverständnis

Schmale Informationsbasis, unpräzise, fehlerhafte Mitteilungen. Es fehlt der Blick für das Wesentliche.

Unzureichende Sachklärung/ wenig überzeugende Urteilsbildung

Es fehlt an den notwendigen Begriffen. Aussagen sind oft **unzureichend begründet**, vieles ist nur angedacht, oberflächlich verknüpft, Gedanken haben keine klare Richtung, wiederholen sich. Aussagen wirken unüberlegt, widersprechen sich bisweilen. Keine klare Trennung zwischen referierter und eigener Meinung. Die Darstellung folgt weitgehend der Vorlage – ohne dass ein eigener Standpunkt erkennbar wird. Inhaltswiedergaben statt Erläuterungen.

Unklarer, unselbstständiger Sprachgebrauch

Ungenaue und missverständliche Ausführungen. **Fehlerhafte, oft unpassende Ausdrucksweise**. Aneinanderreihende, „ausladende" Darstellung. Formulierungen der Vorlage werden oft wenig verändert übernommen (Zitatcollage).

Anspruchslose Präsentation

Ungeschickte, **nachlässige Darbietung** – ohne Rücksicht auf den Leser/die Leserin.

Sorgfältige Sachklärung/ überzeugende Urteilsbildung

Benennt Ursachen und Bedingungen, macht **Zusammenhänge** deutlich. Aussagen sind begründet, Gedanken nachvollziehbar entwickelt. Die Denkrichtung wird konsequent beibehalten. Der **eigene Standpunkt** wird deutlich gemacht.

Unzureichende Sachklärung/ wenig überzeugende Urteilsbildung

Es fehlt an den notwendigen Begriffen. Aussagen sind oft unzureichend begründet, vieles ist nur angedacht, oberflächlich verknüpft, Gedanken haben keine klare Richtung, wiederholen sich. Aussagen wirken unüberlegt, widersprechen sich bisweilen. Keine klare Trennung zwischen referierter und eige-ner Meinung. Die Darstellung folgt weitgehend der Vorlage – ohne dass ein eigener Standpunkt erkenn-bar wird. Inhaltswiedergaben statt Erläuterungen.

Die Markierungen im obigen Beispiel besagen, dass der betreffende Aufsatz im Bereich Sachklärung und Urteilsbildung mehr Schwächen als Vorzüge aufweist. Er bietet bisweilen Erklärungen für die in der Textvorlage angesprochenen Sachverhalte, verweist dann auf Ursachen und Bedingungen und macht auch Zusammenhänge deutlich, so richtig zufriedenstellend ist das aber nicht. Die Qualität der Ausführungen ist schwankend. Manche Aussagen sind gut begründet, andere so gut wie gar nicht. Ärgerlich ist vor allem, dass die Gedanken keine klare Richtung haben, dass sie sich mal dahin, mal dorthin wenden und sich oft im Kreis drehen. Ein klarer Standpunkt ist schwer erkennbar, da sich beim ständigen Bezug auf die Textvorlage nicht deutlich unterscheiden lässt, was referierte und was eigene Meinung ist. An manchen Stellen lässt sich überhaupt die Neigung erkennen, sich Erläuterungen zum Text zu ersparen und stattdessen einfach den Inhalt wiederzugeben.

Aus den Markierungen ergibt sich ein Muster, das erkennen lässt, wo die im Kopf der Liste ausgespannte Notenskala ihren Schwerpunkt hat. Das erleichtert dem Lehrer/der Lehrerin die Begründung der Notenentscheidung nicht nur sich selbst, sondern auch den Schülern gegenüber, denen der ausgefüllte Beurteilungsbogen gezeigt, erläutert und möglichst auch ausgehändigt werden sollte. Der Überblick über die hier zusammengestellten Anforderungen kann ihnen deutlich machen, worauf es beim Verfassen von Texten ankommt. Der Einblick in die besonderen Qualitäten und Schwächen der eigenen Arbeit hilft ihnen, ihre Aufmerksamkeit und ihre Anstrengungen auf das zu konzentrieren, was bei ihren Schreibversuchen – wenn sie erfolgreich sein sollen – besonders beachtet werden muss.

Anwendungsbeispiel

Auf der folgenden Seite wird der Versuch unternommen, mit Hilfe des Beurteilungsbogens die im ersten Kapitel vorgestellte Kafka-Interpretation in ihrem Wert einzuschätzen. Es handelt sich in diesem Fall zwar nicht um einen vollständigen Aufsatz, die Kriterien des Beurteilungsbogens müssen aber auch auf den vorliegenden Teil anwendbar sein.

sehr gut .... gut .... befriedigend .... ausreichend .... mangelhaft

Aufgabe richtig verstanden. Alle Aufgabenteile angemessen berücksichtigt. Die Arbeit ist vollständig ausgeführt. Der Umfang entspricht den Anforderungen.

Angemessenes Textverständnis

Alle wichtigen Inhalte werden erfasst. **Blick für das Wesentliche**. Der Text wird überall **richtig verstanden. Zitate** als Beleg und zur Veranschaulichung. Gut begründete, **überzeugende Textdeutung**.
Originelle Interpretation.

Angemessenes Sachverständnis

Die Arbeit beruht auf **gründlicher Information**, enthält viele interessante Informationen. Die Mitteilungen sind zuverlässig und präzise. Die **Probleme**, um die es geht, werden **erkannt** und überzeugend herausgearbeitet.

Sorgfältige Sachklärung/ überzeugende Urteilsbildung

Benennt Ursachen und Bedingungen, macht **Zusammenhänge** deutlich. Aussagen sind begründet, Gedanken nachvollziehbar entwickelt. Die Denkrichtung wird konsequent beibehalten. **Der eigene Standpunkt** wird deutlich gemacht.

Klarer, eigenständiger Sprachgebrauch

Persönliche, verständliche Ausdrucksweise, treffende Formulierungen, Verwendung von Fachbegriffen. Geordnete, differenzierte Darstellungsweise, die unterscheidet, was unterschieden werden muss – und die auch Ambivalenzen erfasst.

Ansprechende Präsentation

Achtet auf **Lesbarkeit** (deutliche Schrift, klares Textbild) und **Übersichtlichkeit** (sinnvolle Textgliederung). **Einfallsreiche Gestaltung**.

Aufgabe weitgehend missachtet. Unausgewogenheit der Teile. Es fehlt: ....
Umfang allzu begrenzt.

Unzureichendes Textverständnis

Wichtiges wird übersehen, Nebensächliches wird betont. Es fehlt der Blick für das Wesentliche. **Missverständnisse** und Fehldeutungen. **Subjektive Lektüre**, die vieles in den Text hineinliest, was gar nicht drinsteht. **Wenig überzeugende Textdeutung**.

Unzureichendes Sachverständnis

Schmale Informationsbasis, unpräzise, fehlerhafte Mitteilungen. Es fehlt der Blick für das Wesentliche.

Unzureichende Sachklärung/ wenig überzeugende Urteilsbildung

Es fehlt an den notwendigen Begriffen. Aussagen sind oft **unzureichend begründet**, vieles ist nur angedacht, oberflächlich verknüpft, Gedanken haben keine klare Richtung, wiederholen sich. Aussagen wirken unüberlegt, widersprechen sich bisweilen. Keine klare Trennung zwischen referierter und eigener Meinung. Die Darstellung folgt weitgehend der Vorlage – ohne dass ein eigener Standpunkt erkennbar wird. Inhaltswiedergaben statt Erläuterungen.

Unklarer, unselbstständiger Sprachgebrauch

Ungenaue und missverständliche Ausführungen. **Fehlerhafte, oft unpassende Ausdrucksweise**. Aneinanderreihende, „ausladende" Darstellung. Formulierungen der Vorlage werden oft wenig verändert übernommen (Zitatcollage).

Anspruchslose Präsentation

Ungeschickte, **nachlässige Darbietung** – ohne Rücksicht auf den Leser/die Leserin.

Der Schülerin gegenüber könnte man die Beurteilung folgendermaßen zusammenfassen:

Du bist mutig an diesen schwierigen Text herangegangen, hast ihn aber leider nicht genau genug gelesen. Deine Deutung stützt sich auf Eindrücke, die beim Lesen entstanden sind, die aber im Text selbst keine Grundlage haben. Mit anderen Worten: Du hast etwas in den Text hineingelesen, was nicht drinsteht. Ausgelöst wurde deine Fehlinterpretation vermutlich durch ein Missverständnis: Du hast nicht erkannt, dass das Wort „lungensüchtig" nicht auf eine Sucht, sondern auf eine Krankheit hinweist (vgl. „schwindsüchtig"). Aus diesem Missverständnis ist bei dir die Vorstellung entstanden, dass die Kunstreiterin an dem beschriebenen Elend selbst schuld ist, weil sie sich gehen lässt und Drogen nimmt, und dass die Veranstaltung überhaupt nichts anderes ist als eine billige Show, die von unfähigen und unsensiblen Beteiligten in Gang gehalten wird. Dieser Gedanke hat dir so sehr eingeleuchtet, dass du dich um das, was eigentlich im Text steht, nicht weiter gekümmert hast: um den erbarmungslosen Chef z. B., um die grausamen Bedingungen, unter denen die (kranke) Kunstreiterin ihren schwierigen Job ausübt – und auch nicht um den Autor und um die merkwürdig reservierte Art, in der Kafka uns die schlimme Situation vor Augen führt. Er sagt ja nicht: „Es ist so!", sondern: „Wenn es so wäre, dann würde vielleicht ein Zuschauer Protest erheben".

Auf all dies bist du gar nicht eingegangen. Deine Sprache ist aber ansonsten – trotz einiger Ausdrucksprobleme – klar und verständlich und im Wesentlichen korrekt. Du bemühst dich darum, deine Aussagen zu begründen – aber das nützt ja nichts, wenn man von falschen Voraussetzungen ausgeht. Wenn du genauer in den Text hineingesehen hättest, wäre dir sicher eine gute, überzeugende Interpretation gelungen.

Kapitel 5 Wie man Schülern hilft, Fehler zu vermeiden und ihre Ausdrucksfähigkeit zu verbessern

Mühsal der Textüberarbeitung

Wenn die Kommentierung beendet und die Beurteilung erfolgt ist, darf die Arbeit an den Schüleraufsätzen keineswegs als abgeschlossen gelten. Jetzt beginnt nämlich die mühevolle und von den Schülern nicht sehr geschätzte Überarbeitung der Texte, die sogenannte „Verbesserung", an der Lehrer und Lehrerinnen in erheblichem Umfang mitbeteiligt sind. Ihnen fällt nicht nur die Aufgabe einer erneuten Korrektur zu (Verbesserungen und eventuelle Nachverbesserungen werden überprüft), die Schüler müssen vor allem dazu motiviert werden, sich noch einmal intensiv mit etwas zu beschäftigen, was sie vor kurzem erst (meist unter erleichtertem Aufstöhnen) von sich weggeschoben haben. Man muss ihnen dabei helfen, an den problematischen Stellen bessere Lösungen zu finden, ihnen besonders auffällige, immer wieder auftretende sprachliche Defizite bewusst machen und ihnen Mittel an die Hand geben, gezielt dagegen anzugehen.

Dialogische Korrektur

Die Korrektur, die bisher nur vom kommentierenden Lehrer ausging, bekommt jetzt einen dialogischen Charakter. Ansätze dazu finden sich natürlich schon in der „ansprechenden" Form der Kommentierung, die im Korrekturschlüssel erprobt wird. Kategorische Urteile werden darin nach Möglichkeit vermieden. Der korrigierende Lehrer verhält sich hier wie ein interessierter Leser, der sich um Erklärungen bemüht, der Rückfragen stellt und Anregungen gibt.

Die zweite, dialogische Phase der Korrektur, in der die Schüler und Schülerinnen wieder selbst aktiv werden, ist ganz besonders wichtig. Sie sollte intensiv genutzt werden. Es gibt im Deutschunterricht kaum eine ergiebigere Sprachlernsituation.

Individualisierte Schreibförderung

Nachdem die Schüler die in einer Art Geheimschrift verborgenen Korrekturhinweise entschlüsselt haben (was durchaus motivierend sein kann), werden sie Verständnisfragen stellen und die kritischen Anmerkungen und Veränderungsvorschläge am Rand ihrer Arbeit auf ihre Berechtigung hin überprüfen. Sie beginnen mit der Überarbeitung ihrer Texte, reden mit dem Lehrer und mit den Mitschülern über ihre Formulierungsprobleme und über ihre Lösungen. Der im verständigungsorientierten Ton der Korrekturhinweise angelegte Dialog findet jetzt wirklich statt – in einer Art Workshop-Diskussion, im lernwirksamen, angeleiteten Arbeiten am Text. Wenn dabei Ausdrucksschwierigkeiten sichtbar werden, die bei der Mehrzahl der Schüler auftreten, kann es sinnvoll sein, die Diskussion, die Einzelberatung und die laufende Textüberarbeitung durch Lernphasen zu unterbrechen, in denen alle Schüler sich das jeweilige Problem klarmachen und in denen versucht wird, durch die gemeinsame Lösung entsprechender Übungsaufgaben Sicherheit im sprachlichen Ausdruck zu gewinnen. Wenn sich bestimmte Probleme nur bei einzelnen Schülern und Schülerinnen zeigen, dann können diese mit entsprechendem Übungsmaterial versorgt werden, das sie (eventuell zu Hause) für sich bearbeiten. Übungsmaterialien für alle in Betracht kommenden Fehlerarten finden sich als Kopiervorlagen im anschließenden Übungsteil. Die Lösungsblätter, die zur Kontrolle herangezogen werden können, bieten verständliche Erläuterungen zu jedem Fehlerbeispiel. Sie sind in einem separaten Teil am Ende des Buches zusammengefasst (Seite 87 ff.).

Unangemessene Schreibhaltung als Kernproblem

Wenn Schüler in Aufsätzen auf der Oberstufe beim Schreiben stolpern und sich vergaloppieren, dann liegt das nicht an der reflexionsfeindlichen Routiniertheit, mit der Journalisten und Politiker sich in der Sprache verfangen, sondern an der Tatsache, dass Sprache und Denken bei Jugendlichen und auch bei Heranwachsenden oft noch unzureichend koordiniert sind und dass die Fähigkeit, Reden und Schreiben als zwei unterschiedliche Mitteilungsweisen mit jeweils eigenen Ansprüchen auseinanderzuhalten, bei ihnen oft noch unzureichend entwickelt ist. Wer redet, kann in der Regel mit der entgegenkommenden, verständnisbereiten Aufmerksamkeit der Zuhörer oder Gesprächspartner rechnen. Was in seinen Äußerungen unklar bleibt, lässt sich aus der Situation heraus und aus der die Rede begleitenden Gestik und Mimik verstehen – und notfalls auch durch Nachfragen ermitteln. Wer schreibt, muss dagegen alle voraussehbaren Verständigungsschwierigkeiten in seinem Text berücksichtigen. Er kann nicht darauf hoffen, dass Ungenauigkeiten oder sprachliche Entgleisungen vom Leser höflich übersehen und mitdenkend korrigiert werden. „Sie wissen doch sowieso, was ich sagen will!" – ist ein häufig zu hörender Einwand gegen Lehrerkorrekturen. Er macht deutlich, dass es bei den Formulierungsschwierigkeiten von Heranwachsenden nicht nur um schreibtechnische Probleme, sondern auch um eine Art sozialer Unachtsamkeit geht, um eine unangemessene Schreibhaltung, bei der die Verständnisprobleme des Adressaten nicht ernst genug genommen werden. Mit dem Gedanken an die oft notwendige wiederholte Überarbeitung eigener Texte ist diese Haltung natürlich schwer zu vereinbaren.

Der Leser

Lehrer, die ein Interesse daran haben, dass ihre Schüler und Schülerinnen sich die Verbesserung von missratenen Texten überhaupt zutrauen, sollten sprachliche Fehlleistungen in Schüleraufsätzen möglichst nicht auf mangelnde Kenntnisse und Fähigkeiten zurückführen, sondern auf Unachtsamkeit, Bequemlichkeit, Ungeduld und Leichtfertigkeit, auf relativ verzeihliche Untugenden also, die sich durch eine Einstellungsänderung beheben lassen. Durch eine ernsthafte Neubesinnung scheint dann im selben Augenblick schon viel gewonnen. Wer sein Scheitern beim Aufsatzschreiben so versteht, dass er sich in vielen Fällen durch eine allzu ungezwungene Haltung den gestellten Anforderungen gegenüber um den Erfolg gebracht hat, der muss den Glauben an sich selbst nicht aufgeben und wird eher bereit sein, die notwendigen Kenntnisse aufzufrischen bzw. zu erwerben und ungenutzt gebliebene Fähigkeiten zu mobilisieren.

Leichtfertigkeit als Fehlerquelle

Zwei Fehler erzeugende Formen von Leichtfertigkeit spielen in diesem Zusammenhang eine besondere Rolle: Die **Kontamination** und der **gedankliche Kurzschluss**. Sie treten in der hier präsentierten Reihe sprachlicher Mängel als eine Fehlerart neben anderen auf, sind aber eigentlich beide als unbewusste Winkelzüge zu verstehen, aus denen ganz unterschiedliche Fehlerarten hervorgehen können: gedankliche Fehler, Ausdrucksfehler und Konstruktionsfehler. Es sind Ausweichmanöver, die offenbar dazu dienen, Komplexität zu reduzieren und sprachlich fassbar zu machen. Bei der Kontamination wird eilig und unbedacht aus mehreren gleichwertigen Formulierungsmöglichkeiten eine vereinheitlichende zusammengebastelt, die in sich nicht stimmig ist. Beim gedanklichen Kurzschluss werden kompliziertere Sachzusammenhänge auf ein simples, unlogisches Verhältnis reduziert, statt sie sprachlich zu entfalten. In beiden Fällen wird die Mühe des Differenzierens vermieden. Es ist wichtig zu wissen, welche Fehler daraus entstehen. Genauso wichtig ist es aber für die Lernenden, zu erfahren, dass sie das Formulierungsproblem eventuell hätten lösen können, dass sie möglicherweise aus einer ungeduldigen Schreibhaltung heraus einen inneren Reichtum, über den sie möglicherweise verfügen, sprachlich missachtet haben. Ihre Schreibmotivation kann dadurch – allen entmutigenden Erfahrungen zum Trotz – erhalten bleiben.

Es lässt sich noch was machen!

Die Bereitschaft der Schüler, sich noch einmal intensiv auf ihre mit Mühe fertiggestellten und vielleicht nicht gerade ruhmreich abgeschlossenen Arbeiten zu konzentrieren, lässt sich eventuell durch zusätzliche Anreize steigern, z. B. dadurch, dass gelungene Verbesserungen oder Neufassungen ihrer Aufsätze als eigenständige schriftliche Leistung behandelt und durch eine separate, das Arbeitsergebnis insgesamt aufwertende Benotung gewürdigt werden.

Übungsmaterialien

Einführung

Gezielte Maßnahmen gegen sprachliche Unsicherheit

Die im ersten Teil des Buches vorgetragenen unterrichtspraktischen Überlegungen waren von dem Gedanken geleitet, dass es sich – pädagogisch gesehen – bei der Aufsatzkorrektur nicht einfach um eine vom Lehrer oder der Lehrerin zu erledigende Aufgabe, sondern um einen dialogischen Prozess handelt, bei dem der Handlungsschwerpunkt sich vom korrigierenden (kommentierenden und beurteilenden) Lehrer auf die korrigierenden (ihren Text überarbeitenden) Schüler verlagert. Dieser Prozess sollte sein Ziel nicht vorrangig darin haben, den Deutschlehrern eine begründbare Beurteilung schriftlicher Leistungen zu ermöglichen, sondern darin, die Schüler zu intensiver Arbeit am eigenen Text anzuregen, damit sie in ihrem Sprachgebrauch die nötige Sicherheit gewinnen. Damit sich dieses Ziel erreichen lässt, sind über die unmittelbar notwendigen Textkorrekturen hinaus in vielen Fällen aber weitere Bemühungen erforderlich, die sich nicht auf die in Frage stehenden Aufsätze, sondern konzentriert auf ganz bestimmte, bei den Verfassern immer wieder auftretende Formulierungsprobleme beziehen.

Die im zweiten Teil des Buches angebotenen Übungsmaterialien sollen Schülern und Schülerinnen die Möglichkeit geben, die bei der Aufsatzkorrektur erkennbar gewordenen Formulierungsschwächen durch gezieltes Training zu überwinden. Diese Übungen setzen ein, nachdem den Schülern bei dem Versuch, ihre Texte zu überarbeiten, bewusst geworden ist, wie schwer es oft fällt, sich die unzulängliche oder fehlerhafte Ausdrucksweise im eigenen Aufsatz überhaupt einzugestehen, zu sich selbst auf Abstand zu gehen, sich beim Schreiben als kritischer Leser gleichsam selbst über die Schulter zu sehen und an den bedenklichen Stellen Lösungen zu finden, die nicht nur den eigenen Ausdrucksabsichten, sondern auch den begreiflichen Ansprüchen von Lesern gerecht werden, die sich mit Einfühlung nicht zufriedengeben, die also unmissverständlich und sprachlich korrekt informiert sein wollen.

Zusätzliche Übungen im Unterricht und zu Hause

Die Schüler und Schülerinnen nehmen im Unterricht (am besten in Gruppenarbeit) oder auch zu Hause die Probleme in Angriff, die sich als besonders gravierend erwiesen haben. Die dabei benutzten Übungsblätter gehen von fehlerhaften Formulierungen aus, die in den Aufsätzen, die sie selbst oder ihre Mitschüler verfasst haben, nicht zu finden sind. Die Schüler beschäftigen sich also mit sprachlichen und gedanklichen Entgleisungen von Personen, die ihnen unbekannt sind. Es handelt sich aber um authentische und um typische Fehlleistungen, d. h. sie stammen von Schülerinnen und Schülern, die etwa gleich alt sind wie sie. Sie finden sich in Aufsätzen, die unter ähnlichen Bedingungen entstanden sind wie ihre eigenen, und führen Ausdrucksmängel vor, die in Oberstufenaufsätzen heutzutage immer wieder auftreten. Wer sich mit diesen repräsentativen Fehlleistungen beschäftigt, braucht nicht das Gefühl zu haben, dass er sich für die hier dokumentierten Missgriffe selbst verantworten muss, er wird aber auch nicht auf den Gedanken kommen, dass er sich hier auf etwas einlässt, das ihn eigentlich überhaupt nichts angeht.

Den Seiten mit den Übungsaufgaben sind in einigen Fällen Arbeitsblätter beigefügt, die die Lösung der betreffenden Aufgaben erleichtern. Sie bieten die fehlerhaften Sätze z. B. in der Form von Lückentexten an, sodass die Lösung an der richtigen Stelle nur noch eingetragen werden muss, und enthalten oft auch schon die hilfreichen Erläuterungen, die auf den entsprechenden Lösungsblättern zu finden sind. Ob diese Hilfsmaterialien eingesetzt werden, hängt von der Entscheidung des Lehrers oder der Lehrerin ab.
Das Übungsmaterial kann als Kopiervorlage genutzt werden. Bei den Lösungsblättern empfiehlt es sich, die kopierten Seiten zu laminieren, damit sie mehrfach verwendet werden können.

Die Übungsmaterialien in diesem Kapitel berücksichtigen sämtliche in der Fehlerliste (Seite 28) aufgeführten Ausdrucks- und Konstruktionsprobleme. Das Problemfeld, das hier beleuchtet wird, umfasst nicht Rechtschreibung und Zeichensetzung. Die Übungen konzentrieren sich auf Formulierungsschwierigkeiten und grammatische Fehlleistungen, die in der Schule besonders häufig vorkommen. Die meisten der zusammengestellten Fehlerbeispiele stammen aus Schüleraufsätzen der Klassen 11–13. Damit niemand meint, sprachliche und gedankliche Kapriolen seien nur dort anzutreffen, werden den eigentlichen Übungsseiten einige weitere Beispiele aus dem fehlerhaften Sprachgebrauch von Leuten vorangestellt, die redend und schreibend in der Öffentlichkeit auftreten und die es eigentlich besser wissen müssten. Vieles davon ist amüsant, reizt vielleicht auch unsere Schadenfreude. Aber nicht immer ist es leicht, auf Anhieb zu erkennen, was da eigentlich nicht stimmt.

Weitergehende Maßnahmen sind nötig

Das selbstkritische Bewusstsein, das die Schülerinnen und Schüler bei der Überarbeitung ihrer eigenen Texte gewinnen können, reicht in der Regel nicht aus, wenn es darum geht, die erkennbar gewordenen Fehler bei künftigen Schreibversuchen zu vermeiden. Die ernsthafte und wiederholte Beschäftigung mit den hier angebotenen Übungsmaterialien kann aber – wie meine eigenen Unterrichtserfahrungen zeigen – erheblich dazu beitragen, dass die Schülerinnen und Schüler sich eine andere Schreibhaltung angewöhnen, dass sie lernen, ihre Texte mit den Augen ihrer Leser zu kontrollieren. Sie beginnen angesichts ihrer gleichsam habitualisierten sprachlichen Missgriffe selbst stutzig zu werden, formulieren bewusster und beweisen auch bei ihrer Lektüre eine größere Aufmerksamkeit für gelungene sprachliche Lösungen. Lesen allein macht nämlich den eigenen Sprachgebrauch nicht unbedingt sicherer. Erst wenn man den Blick für die Schwierigkeiten des literarischen Handwerks geschärft und überzeugende, wirkungsvolle Formulierungen aus den Mühen der eigenen Schreibpraxis heraus schätzen gelernt hat, kann die Lektüre vorbildlicher Texte die eigene Schreibkompetenz verbessern. Diese produktive Aufmerksamkeit im Umgang mit Literatur zu schulen ist natürlich eine wichtige Aufgabe des Deutschunterrichts. Das führt aber nun wirklich über die praktischen Überlegungen zur Förderung sprachlicher Sicherheit hinaus, die im Zusammenhang mit Aufsatzkorrektur anzustellen sind.

Falscher Sprachgebrauch von Profis 1

Aus einem Song von Friedrich Hollaender, den Marlene Dietrich in dem Film „Der blaue Engel" vorträgt

1 „Die CDU hat es nicht geschafft, einen glasklaren Trennungsstrich zwischen sich und Helmut Kohl zu ziehen."

2 „Selbst die noch so verwöhnteste Hauskatze bleibt ein Raubtier."

3 „Aus unerklärlichen Gründen beharrt er auf seiner Opposition."

4 „Sein Tod hinterlässt eine Lücke, die nicht leicht zu ersetzen ist."

5 „Der Film ist das zugespitzte Spiegelbild der brasilianischen Gesellschaft."

Erläuterungen und Verbesserungsvorschläge: Seite 91 – 92

Falscher Sprachgebrauch von Profis 2

Gustave Doré, Münchhausen

1 „Wir müssen uns am eigenen Schopf aus dem Sumpf ziehen, aber ohne fremde Hilfe werden wir das nicht schaffen."

2 „Die Arbeitgeber müssen jetzt ein verhandlungsfähiges Angebot auf den Tisch legen."

3 „Ursache für die Machterweiterung waren die schnellen Eroberungszüge der Osmanen."

4 „Ohne die Chance, es abzuwenden, nahm das Verhängnis seinen Lauf."

5 „Mit dieser reifen Interpretation kann sich der Pianist nicht nur sehen, sondern auch hören lassen."

6 „Die Globalisierungsgegner verhielten sich friedlicher als befürchtet."

7 „Die Regierung muss mit ihrem jetzt begonnenen Sparprogramm schleunigst fortfahren."

8 „Das Boot war leck. Es ist im wahrsten Sinne des Wortes untergegangen."

Erläuterungen und Verbesserungsvorschläge: Seite 93–94

Falscher Sprachgebrauch von Profis 3

Wilhelm Busch,
Lehrer Lämpel

1 „Wir haben kein Recht, mit erhobenem Zeigefinger auf sogenannte ‚Bananenrepubliken' zu zeigen."

2 „CDU-Politiker bangen um einen Autoritätsverlust des Staates."

3 „Auch dieser Wahlsonntag wird als rabenschwarzer Tag in die Annalen der SPD eingehen. Der Erdrutsch in Richtung Union hält unvermindert an. Er trifft mitten ins Herz der SPD."

4 „Die SPD hat bei den Europa-Wahlen eine Niederlage erlitten. Das geben wir zu. Aber das war erst der Anfang. Weitere werden folgen.
(Gelächter bei den Zuhörern)
Nein – natürlich keine Niederlagen, sondern Wahlen!"

5 „Das Versicherungssystem kann heute nicht mehr so funktionieren, wie es auch damals schon nicht funktioniert hat".

6 „Der Deutsche Städtetag will gegen die Auswirkungen des Bonner Sparpakets aufmerksam machen."

Erläuterungen und Verbesserungsvorschläge: Seite 95–96

Falscher Sprachgebrauch von Profis 4

1. Die Ministerin beklagte den Einsatz menschenverachtender Mittel im Kosovo.
2. Der Außenminister befürchtet eine humanitäre Katastrophe.
3. Oberstes Ziel der Bush-Regierung ist angeblich die Befreiung des Iraks.
4. US-geführte Streitkräfte liefern sich vor Basra heftige Gefechte.
5. Das Machtvakuum in Kinshasa ist mit Händen zu greifen.
6. Der Entführungsversuch einer El-Al-Maschine ist gescheitert.
7. Das ist eine lohnenswerte Aufgabe.
8. Prognosen sind schwierig – vor allem wenn sie die Zukunft betreffen.

Erläuterungen und Verbesserungsvorschläge: Seite 97–98

Trivialitäten

Eins ist mir klar zu jeder Frist:
Das Leben ist so, wie es ist.

Friederike Kempner (1828–1904)

Die folgenden Sätze enthalten Aussagen, die ganz oder teilweise überflüssig sind („Binsenweisheiten"). Man braucht darüber kein Wort verlieren, weil sie sich von selbst verstehen. Das obige Beispiel stammt von der Lyrikerin **Friederike Kempner** (1836–1904), die uns eine Fülle unfreiwillig komischer Gedichte hinterlassen hat. Versuchen Sie, die Beispielsätze in sinnvolle Aussagen zu verwandeln – etwa so:

Eins ist mir klar zu jeder Frist:
Nichts bleibt im Leben, wie es ist.

1 Am Anfang schreibt der Autor einen einleitenden Satz.

2 Heine will beim Leser gewisse Wirkungen erzielen.

3 Die Autorin erzählt uns in der Erzählung eine Geschichte.

4 Die Geschichte wurde von der Autorin Ilse Aichinger geschrieben.

5 Sie wendet sich an das Publikum, wenn sie ihm die Handlung erklärt.

6 Das Stück lässt sich von verschiedenen Standpunkten aus unterschiedlich interpretieren.

Lösungsvorschläge: Seite 99

Tautologien

Der Begriff **Tautologie** stammt aus dem Griechischen und meint eine Aussage, die sich im Kreis dreht. Die folgenden Sätze scheinen etwas zu erklären, wiederholen aber nur ein und denselben Gedanken:

☹ **Die Armut kommt von der pauvreté.**

Das französische Wort „pauvreté" bedeutet „Bedürftigkeit", „Armut". Hier wird also eine Sache mit sich selbst erklärt. Eine wirklich weiterführende Erklärung wäre:

Die Armut kommt von der sozialen Ungerechtigkeit.

Versuchen Sie, die folgenden Beispielsätze entsprechend umzuwandeln.

1 Kreon ist ein Tyrann, der alles selbst entscheidet. (Zu: Sophokles, „Antigone")

2 Das Verhältnis des Erzählers zu seinem Helden wird enger, d. h. die Distanz nimmt ab.

3 Die Vorrechte waren aufseiten der Privilegierten.

4 Die ständig wachsende Armut nahm immer mehr zu.

5 Wenn man überlegt, was diese Leute alles vorhaben, kommt man schnell dahinter, was sie wollen.

6 Am anderen Ufer erwarten ihn Räuber, die ihn berauben wollen.

7 Die Eindrücke stürzen wie ein Wasserfall auf ihn ein, wobei er ein Spielball seiner Empfindungen wird.

Lösungsvorschläge: Seite 100

Ungeklärte Vorstellungen

Die folgenden Formulierungen sind **inhaltlich** nicht genügend durchdacht. Sie sind offenbar niedergeschrieben worden, ohne dass richtig klar war, was da eigentlich gesagt wird.

☹ Die Behauptung stützt sich auf **falsche Tatsachen**.

Tatsachen sind weder richtig noch falsch. Nur die Mitteilungen und die Urteile über Tatsachen können richtig oder falsch sein – und Behauptungen, die sich angeblich auf Tatsachen stützen:

Die Behauptung **entspricht nicht den Tatsachen.**

1. Es lassen sich klare Parallelen von dem einen Text zum anderen ziehen.
2. Hass und Ohnmacht beherrschen seine Gefühle.
3. Die Lampe ist repariert. Jetzt geht sie wieder.
4. Es war die einzige und erfolgreichste Oper dieses Komponisten.
5. Hier kaufen wir nichts. Die Preise sind viel zu teuer.
6. Genau das sagt Goethe in seinem Zitat.
7. Die Tatsachen werden nicht überzeugend begründet.
8. Sie reiten an einem Fluss vorbei.

Lösungsvorschläge: Seite 101

Gedanklicher Kurzschluss 1

Wo kompliziertere gedankliche Zusammenhänge wiedergegeben werden sollen, die nicht so leicht „auf die Reihe zu bringen" sind, kommt es manchmal zu einer Art Kurzschluss. Notwendige Elemente der Aussage oder wichtige gedankliche Zwischenschritte werden dabei einfach ausgelassen. Die Aussage schrumpft auf ein merkwürdig klingendes Satzgebilde zusammen. Man kann es nur verstehen, wenn man die fehlenden Elemente mitdenkt und so das eigentlich Gemeinte rekonstruiert. Ein Beispiel ist der bekannte Nonsens-Satz:

☹ **„Nachts ist es kälter als draußen."**

⇩

„Nachts ist es draußen kälter als drinnen."

In die folgenden Kurzschluss-Formulierungen sollen die fehlenden Elemente so eingefügt werden, dass der Sinnzusammenhang erkennbar wird.

1 (Schild in der Schalterhalle eines Postamts:) „Schalter für benachrichtigte Sendungen".

2 Kitschige Literatur ist auf die Dauer langweilig und eine Zeitverschwendung.

3 Rückblickend hätte man das alles auch ganz anders machen können.

4 Der König sagt: Wer das Rätsel löst, soll Nachfolger meines Landes werden.

5 Ich meine, es sollte selbstverständlich sein, dass man für seine politische Überzeugung auch Nachteile hat.

6 Den Rehbraten, den er aufträgt, hat er selbst geschossen.

Lösungsvorschläge: Seite 102

Gedanklicher Kurzschluss 2

Es gibt Formulierungen, die sind sich selbst genug. Sie lassen sich im selben Satz nicht so ohne weiteres fortführen. Wie in einem Kopfbahnhof endet hier die Aussage:

Er sagt ihm die Meinung.

Worin diese Meinung besteht, das lässt sich hier nicht in einem angefügten Inhaltssatz verdeutlichen. Man kann also nicht sagen:

☹ Er sagt ihm die Meinung, dass es so nicht weitergeht.

Man kann derartige Formulierungen als einen Fall von gedanklichem Kurzschluss verstehen. Mit Hilfe eines gedanklichen Zwischenschritts lässt sich die weiterführende Aussage anschließen:

Er sagt ihm die Meinung **und macht ihm klar**, dass es so nicht weitergeht.

In manchen Fällen genügt auch die Einfügung eines hinweisenden Adverbs („damit", „darüber", „darauf", „davon" u.a.) als Verbindungsglied:

☹ Ich wundere mich, dass du so uneinsichtig bist.

Ich wundere mich **darüber**, dass du so uneinsichtig bist.

1 Sie lobt ihn, wie anständig er ist.

2 Hier zeigt sich ihre Mutlosigkeit, ihren Gefühlen freien Lauf zu lassen.

3 Er ist unbrauchbar, das Problem zu lösen.

4 Er droht ihr, dass sie sich ergeben soll.

5 Der Hausherr kämpft mit sich, ob er den Fremden beherbergen soll.

Lösungsvorschläge: Seite 103

Unlogischer Anschluss

Wo Aussagen mit Hilfe von **Konjunktionen** weitergeführt werden, entstehen manchmal irritierende **Brüche in der Logik**:

☹ „Die Bemerkung löste Heiterkeit aus, die aber entspannend wirkte."

Heiterkeit wirkt in der Regel entspannend. Die Konjunktion „aber" ergibt hier also keinen Sinn. In solchen Fällen ist es oft schwer zu entscheiden, ob der Fehler aus bloßer Gedankenlosigkeit entstanden ist – oder aus gedanklicher Überforderung. Wenn es sich um Gedankenlosigkeit handelt, ist die unlogische Konjunktion einfach ein Missgriff, der sich leicht korrigieren lässt. Im genannten Beispiel wird die störende Konjunktion einfach entfernt:

Die Bemerkung löste Heiterkeit aus, die entspannend wirkte.

Wenn es sich um **gedankliche Überforderung** handelt, dann wird hier – im Kampf mit der Formulierung – ein komplizierteres gedankliches Gefüge so weit zusammengezogen, dass der Anschluss unlogisch wird (vgl. **Kurzschluss**). Der Fehler lässt sich dann nur so beheben, dass der verloren gegangene gedankliche Zwischenschritt aufgesucht und in die verkürzte Aussage wieder eingefügt wird:

Die Bemerkung löste Heiterkeit aus,
eine Heiterkeit, die nicht ohne Schadenfreude war,
die **aber** entspannend wirkte.

1 Die Geschichte wird kurz und bündig erzählt, beruht aber auf Tatsachen.

2 Er hält sich für unwiderstehlich, meint aber, er sei überall willkommen.

3 Analysiert man das Gespräch, so gelingt hier keine wirkliche Verständigung.

4 Die beiden lieben sich, da im Text steht, dass sie sich innig anschauen.

Lösungsvorschläge: Seite 104

Sinnwidriger Wortgebrauch

In den folgenden Sätzen werden Wörter gegen ihre Bedeutung verwendet:

☹ Der Außenminister befürchtet eine **humanitäre** Katastrophe.

„Humanitär“ nennt man Handlungen, die das Ziel haben, Not leidenden Menschen zu helfen.
„Humanitäre Katastrophen“ kann es also nicht geben, denn menschenfreundliche Maßnahmen sind das Gegenteil von einer Katastrophe.

Versuchen Sie, das falsche Wort durch einen passenden Ausdruck zu ersetzen:

Der Außenminister befürchtet **eine die Gesundheit und das Leben der Menschen bedrohende** Katastrophe.

1 Es handelt sich nicht gerade um eine konventionelle Aufführung. Bühnenbild und Kostüme sind aktuell.

2 Hitler will in seiner Rede scheinbar nur die schönen Seiten der NS-Gesellschaft darstellen.

3 Es handelt sich um eine wahrhaft rührige Liebeszene.

4 In dieser Szene werden die ganzen Beziehungen zwischen den Hauptpersonen erkennbar.

5 Er wurde von einer psychologischen Krankheit heimgesucht.

Lösungsvorschläge: Seite 105

Wortverwechslungen

In den folgenden Sätzen finden sich Beispiele **sinnwidrigen Wortgebrauchs**, der auf eine Wortverwechslung zurückzuführen ist. Es passiert häufig, dass der gesuchte Ausdruck mit einem ähnlich klingenden verwechselt wird, der eine andere Bedeutung hat:

☹ Jeder Tag ähnelt dem **hervorgegangenen**.

Setzen Sie an der entsprechenden Stelle das richtige Wort ein:

Jeder Tag ähnelt dem **vorangegangenen**.

Überlegen Sie auch, wo das unpassende Wort sinnvoll verwendet werden kann.

Das Leben ist aus dem Wasser **hervorgegangen**.

1 Er hat ihm in schlechten Zeiten stets tapfer beiseite gestanden.

2 Im Mittelalter gab es keine Müllabfuhr. Die Leute warfen ihre Alimente einfach auf die Straße.

3 Die Gräueltaten der Nazis werden von den Rechtsradikalen einfach verleumdet.

4 Um diesen Schwierigkeiten entgegenzugehen, entschloss man sich zur bargeldlosen Zahlung.

5 Man hört die Trommel die Hinrichtung anpreisen. (Zu: Schiller, „Die Bürgschaft")

6 Er verfängt sich in einem Gespann von Drähten. (Zu: Günter Anders, „Die Sitte")

7 Man hat den Eindruck, dass die meisten Menschen hinter Hitler standen und seine Politik bewilligten.

Lösungsvorschläge: Seite 106

Unpassende Wortverwendung

In den folgenden Sätzen erscheinen bestimmte (oft gar nicht so falsch klingende) Wörter in einem unpassenden Zusammenhang: der Anwendungsbereich dieser Wörter wird missachtet.

☹ Es **herrschte** eine schreckliche Zeit.

Setzen Sie an der entsprechenden Stelle einen passenden Ausdruck ein:

Es **war** eine schreckliche Zeit.

Überlegen Sie auch, wie das falsch verwendete Wort richtig benutzt werden kann:

Es **herrschte** eine schreckliche Hungersnot.

1 Der Autor sagt aus, dass Wichtigtuerei auf Minderwertigkeitsgefühle zurückzuführen sei.

2 Der Kameramann drehte die Menschen bei der Arbeit.

3 Der Redner schmeißt einzelne Wörter in den Raum.

4 Woyzeck lebt mit einer Frau zusammen. Seine Partnerin hintergeht ihn aber.
(Zu: Büchner, „Woyzeck")

5 Der Adel bildet eine kleine Schicht in der Gesellschaft.

6 Der Taucher soll einen Becher aus dem Meer hinausholen.
(Zu: Schiller, „Der Taucher")

Lösungsvorschläge: Seite 107

Wortfindungsübung: Fridas Freund (Inhaltsangabe)

Überfliegen Sie zunächst den Text und suchen Sie dann nach passenden Eintragungen. Bei den mit * versehenen Lücken sind Ausdrücke zu finden, die aus mehreren Worten bestehen.

Frida lebt noch bei ihren Eltern. Sie hat kein ______________________* zu ihnen, betrachtet sie mit dem ___________, ___________ Blick der Heranwachsenden, die sich der ________________* entziehen will: Jetzt will sie einen entscheidenden Schritt tun und ihre ________________ beweisen, indem sie einen jungen Mann, den sie offenbar erst seit Kurzem kennt, in seiner Wohnung besucht und sich vor den Eltern mit diesem Vorhaben _______________________. Die Reaktion der Eltern ist gespalten. Während der Vater ___________ äußert, _________ die Mutter Verständnis: „Irgendeinen muss sie haben, heut fängt das früh an bei den Mädchen."

Frida lässt sich anscheinend nicht ______________ und macht sich auf den Weg. Sie kennt die Wohnung des Freundes noch nicht. Die Straße, in der er lebt, sieht sie zum ersten Mal. Der Anblick wirkt ziemlich ____________________: eine ________________ Welt, wie sie sie nur zu gut von ihrem eigenen Zuhause kennt. Sie ist „plötzlich bekümmert", aufgeregt und ____________________ und fragt sich, was sie hier eigentlich will. Sie sieht jetzt auch Willi (so heißt ihr Freund) ____________ _________* an. Er gefällt ihr eigentlich nicht („kleine nasse Zunge", „mehlige Stimme" „dickzüngig"). Er führt sie in seine Wohnung, _____________ den höflichen Gastgeber, verhält sich förmlich und wird dann – aus lauter Verlegenheit – ___________________ („Sie haben ja schwarze Strümpfe an"). Beide siezen sich und benehmen sich ________________. Sie wissen nicht, wie man sich in so einer Situation verhält. Frida hat ständig Angst, etwas falsch zu machen. Sie fühlt sich ________________. Er gefällt ihr nicht, die Wohnung gefällt ihr nicht, die Musik auch nicht. Aber sie ___________ Begeisterung, ruft ständig „toll", „nett", „herrlich" und gackert. Als er sie ________, weiß sie nicht, wie sie reagieren soll. Es bleibt unklar, was aus der Situation wird. Zu Hause sagt Frida von sich aus nichts mehr. Sie antwortet nur kurz auf die ____________ Äußerungen der Eltern. Glücklich scheint sie nicht zu sein.

Die Erzählung ist abgedruckt in: Gabriele Wohmann: Stolze Zeiten. Düsseldorf: Claasen Verlag 1981

Lösungsvorschläge: Seite 108

Worterfindungen

Die folgenden Sätze enthalten Ausdrücke, die es im allgemeinen Sprachgebrauch nicht gibt. Es sind sprachliche Neuschöpfungen, die nicht sehr überzeugend wirken und kaum Chancen haben, sich durchzusetzen. Ein Beispiel:

☹ **Gefühlsarmheit**

Suchen Sie nach brauchbaren Alternativen. In diesem Fall bietet sich an:

Gefühlsarmut

1 Der Mut des Jünglings wurde auf das Erneute bewiesen.
(Zu: Schiller, „Der Taucher")

2 Er kann das Gefühl von Verlassengewordensein nicht loswerden.

3 Es handelt sich hier um eine Selbstlüge.

4 Oskar ist ein einfühlloser Rohling.
(Zu: Ödön von Horváth, „Geschichten aus dem Wiener Wald")

5 Jahrelanges vergebenes Warten hat ihn zermürbt.

6 Ein Wahnsinniger, der nicht vor Massenermordung zurückschreckt.

7 Hitler betrieb mit seiner Rüsterei eine aggressive Politik.

8 Er ist unberechenbar und morallos.

9 All das wird klar und unverkünstelt zum Ausdruck gebracht.

Lösungsvorschläge: Seite 109

Pleonasmen

Ein **Pleonasmus** ist ein Ausdruck, in dem mehrfach dasselbe gesagt wird. Das Wort kommt aus dem Griechischen („pleonazein" = überflüssig sein). Die folgenden Sätze enthalten derartige Ausdrücke. Unterstreichen Sie jeweils, was daran entbehrlich ist, z. B. so:

☹ Da trat ein **alter** **Greis** auf mich zu.

1 Manch einer erzählt belangloses Zeug ohne jede Bedeutung.

2 Nach einer stillen Pause wurde das Gespräch fortgesetzt.

3 Seine Sprache wirkte sehr künstlich und unnatürlich.

4 Er stellte einen weltmännischen Mann von Welt dar.

5 Genau auf diese Wirkungen und Effekte kam es ihm an.

Der Pleonasmus entsteht oft aus der Kreuzung zweier möglicher Formulierungen, die leicht wieder getrennt werden können:

☹ **Bereits jetzt schon** scheint alles verloren.

Bereits jetzt scheint alles verloren. **Jetzt schon** scheint alles verloren.

Üben Sie die Trennung an den folgenden Beispielen:

6 Der Zauber ist von anhaltender Dauer.

7 Die Arbeit wurde immer mehr und mehr vereinfacht.

8 Die Uhr hat für den jungen Mann einen hohen Bedeutungswert.

9 Büchner stellt die sozialen Probleme in der Gesellschaft dar.

Lösungsvorschläge: Seite 110

Kontamination

In den folgenden Sätzen sind zwei oder mehr mögliche Formulierungen durcheinandergeraten – woraus sich eine problematische Formulierung ergibt (Kontamination). Die Vermischung betrifft meist den ganzen Satz, sie ist aber manchmal auch in einzelnen Worten feststellbar, z. B. in der folgenden (ursprünglich vielleicht witzig gemeinten) Neubildung, die nur in der Umgangssprache und in der scherzhaften Rede zulässig ist:

☹ **nichtsdestotrotz**

nichtsdestoweniger/**trotz**dem

Versuchen Sie, die richtigen Formulierungen, die beim Schreiben durcheinandergeraten sind, herauszufinden, und führen Sie sie getrennt auf. Unterstreichen Sie darin die Elemente, die in dem falschen Satz verwendet werden:

☹ **Das spielt eine besondere Bedeutung.**

Das spielt eine besondere Rolle. Das hat **eine besondere Bedeutung.**

1. Dem Autor ist bodenlose Ignoranz der Verhältnisse vorzuwerfen.
2. Ich verwende den Begriff nicht im Sinne der heutigen Bedeutung.
3. Zusammengefasst kann man sagen …
4. Das Treiben, das er führt, erscheint mir unerträglich.
5. Der junge Mann wagt sich in die Tiefe zu springen.
6. Schon viele Taucher sind in der wilden See zum Opfer gefallen.
7. Die Grundstücke werden jetzt meistbietend abgegeben.
8. Die Handlungen sind ineinander verknüpft.

Lösungsvorschläge: Seite 111

Kollokationsfehler

In den folgenden Fehlerbeispielen werden die im Sprachgebrauch festliegenden Wortverbindungen (Kollokationen) nicht beachtet. Solche Verbindungen gibt es in allen Sprachen. Beim Übersetzen stellen sie ein besonderes Problem dar:

Französisch: **fais** attention! (faire = machen)

Englisch: **pay** attention! (to pay = zahlen)

Deutsch: **gib** Acht!

Der Fehler entsteht oft durch Kontamination, durch die Kreuzung mehrerer möglicher Formulierungen:

Hier **tritt** sein Sadismus **zum Vorschein.**
(**hervortreten** ↔ **zum Vorschein kommen**)

In vielen Fällen sind es aber inhaltlich unvereinbare Formulierungen, die hier durcheinandergeworfen werden:

Er **bringt** Ähnlichkeiten mit seinem Vater **auf**.
(Geduld **aufbringen** ↔ Ähnlichkeiten **aufweisen**)

Verbessern Sie die folgenden Ausdrücke, indem Sie die ungebräuchliche Kombination durch gebräuchliche ersetzen.

1 Die Bücher stimmen insofern überein, dass sie beide veraltet sind.

2 Röhm vertrat innerhalb der NSDAP eine wichtige Rolle.

3 Nach seinem Unfall kann er kein normales Leben mehr eingehen.

4 Der Arzt beobachtet die Auswirkungen, die seine Worte auf den Patienten machen.

5 Es ist mir unverständlich, wie man einen derartigen Standpunkt annehmen kann.

6 Der Sohn nimmt Anspruch auf das gesamte Vermögen seines Vaters.

Lösungsvorschläge: Seite 112

Kollokationsübungen

Welche Verben lassen sich mit den jeweiligen Substantiven verbinden? Unterstreichen Sie in den beigefügten Listen die passenden Vorschläge.

1	**Schmerzen**	machen, bringen, erzeugen, zufügen, bereiten
2	**den Rückzug**	machen, in Angriff nehmen, beginnen, antreten
3	**eine Beziehung**	eingehen, erzeugen, gewinnen, haben, machen, schließen, knüpfen, beenden, herstellen, stoppen, aufnehmen, abbrechen
4	**Rache**	begehen, verüben, erteilen, unternehmen, üben, vornehmen, vollziehen
5	**ein Attentat**	vollziehen, ausüben, begehen, tun, verüben, verursachen, unternehmen
6	**Bedenken**	erheben, hegen, anmelden, einlegen, tragen, haben, sagen, beweisen, vortragen, schöpfen, vorbringen
7	**die Oberhand**	haben, behalten, erringen, bewahren, gewinnen, zeigen, übernehmen, bieten
8	**sich zur Ruhe**	machen, setzen, begeben, legen, finden
9	**jemandem (eine) Gunst**	bereiten, beweisen, abschlagen, bieten, gewähren, geben, schenken
10	**Zweifel**	haben, empfinden, hegen, erleben

Lösungsvorschläge: Seite 113

Gedankenloser Umgang mit sprachlichen Bildern 1

Die Sprache enthält eine Fülle von Bildern, die uns zum großen Teil gar nicht mehr auffallen. Beim Umgang mit ihnen kann es gerade deswegen zu peinlichen Missgriffen kommen. Wenn Bilder zusammengeraten, die nicht zusammenpassen, entstehen in unserem Kopf merkwürdige, oft komische Vorstellungen. Ein Beispiel ist die witzige Formulierung:

„Der Zahn der Zeit, der schon so manche Träne getrocknet hat, wird auch über dieser Wunde Gras wachsen lassen."

Versuchen Sie zunächst – so einfach wie möglich – zu formulieren, was hier gesagt werden soll:

Die Zeit heilt Wunden.

Suchen Sie dann nach sinnvollen Verwendungsmöglichkeiten für die im Beispielsatz auftauchenden sprachlichen Bilder.

Über diese Angelegenheit wollen wir **Gras wachsen lassen.**

An dem alten Gemäuer hat **der Zahn der Zeit** seine Spuren hinterlassen.

1 Der Konflikt wird unter den Deckmantel geheuchelter Frömmigkeit gekehrt.

2 Der Schein von Humanität zerfällt, sobald der Kleinbürger in die Enge getrieben wird.

3 Der Autor stößt den Leser immer wieder mit den Augen auf die Tränen der Trauergäste.

4 Die Doppelbödigkeit der Zeugen ist nicht zu übersehen.

Lösungsvorschläge: Seite 114

Gedankenloser Umgang mit sprachlichen Bildern 2

Arbeitsblatt

1 Dann **stellte sich** ihm ein gewaltiger **Strom in den Weg**.

Mit anderen Worten:

Ein Strom „stellt" sich nicht in den Weg. Was kann man stattdessen sagen?

____

____

Natürlich kann sich dem Wanderer auch etwas „in den Weg stellen", z. B.:

______________ ______________

2 Er sagte, er werde jetzt ganz **andere Seiten aufziehen**.

Mit anderen Worten:

Das Bild bekommt erst dann einen Sinn, wenn man weiß, dass hier die „S**ai**ten" gemeint sind, die man Streichinstrumenten (z. B. einer Violine) **„aufzieht"**.

Natürlich kann auch die **„andere Seite"** in bildhaften Ausdrücken Verwendung finden:

____

____

Lösungsvorschläge: Seite 115

3 Der Leser wird **Stück für Stück** an die einzelnen Charaktere **herangeführt**.

Mit anderen Worten:

Wenn jemand allmählich an etwas herangeführt wird, dann nicht „**Stück für Stück**" sondern …?

___

Der Ausdruck „**Stück für Stück**" lässt sich – in anderem Zusammenhang – aber auch verwenden. Formulieren Sie einen entsprechenden Satz.

___

___

4 Er hatte keine Möglichkeit, **die Scharte auszubügeln**.

Mit anderen Worten:

Eine „**Scharte**" ist eine Kerbe (z. B. in einer Messerklinge, in einem Schwert). So etwas lässt sich nicht durch Bügeln beseitigen.

Wie lautet der entsprechende Ausdruck richtig?

___

___

Lösungsvorschläge: Seite 115

Ungeschicklichkeiten im Ausdruck

Die folgenden Beispiele wirken im Ausdruck merkwürdig unbeholfen, oft auch unfreiwillig komisch. Suchen Sie nach überzeugenden Alternativen, z. B. so:

☹ **Das ist der Start von dem Schluss dieser Szene.**

⇩

Damit beginnt der Schlussteil der Szene.

1 Die Zahl der Arbeitslosen nähert sich einem Punkt, der der Situation während der Weltwirtschaftskrise ähnelt.

2 Das sind Behauptungen, denen jeglicher Standfuß fehlt.

3 Der Autor glaubt, dass die Armut dieser Menschen an einem selbst liegt.

4 Was die beiden untereinander austauschen, nennt man „Scheinkommunikation".

5 Antigone gibt sich ihrer Pflicht und den Göttern hin.

6 Der alte Mann macht mehrere Kopfstände.

7 Der Mann macht einige Grimassen.

8 Lysander und Hermia fliehen in Richtung Tante.

9 Es wird ein den Faschismus bejahendes Bild entworfen.

10 Lenz kann kein normales Verarbeiten seiner Eindrücke mehr bewerkstelligen.

Lösungsvorschläge: Seite 116

Stilbruch

Die folgenden Sätze enthalten **umgangssprachliche Ausdrücke**, die beim Schreiben normalerweise nicht verwendet werden können. Versuchen Sie sie durch weniger saloppe Formulierungen zu ersetzen.

☹ Patienten, die langsam aber sicher **abkratzen**.

⇩

Patienten, die **dahinsiechen**.

Patienten, die langsam aber sicher **dem Tode entgegengehen**.

1 Der Knappe traut sich, den Becher aus dem Meer zu holen, den der König reingeschmissen hat. (Zu: Fr. Schiller, „Der Taucher")

2 Als Demetrius Hermia sieht, ist die Liebe zu Helena aus. (Zu: W. Shakespeare, „Ein Sommernachtstraum")

3 Helenas Liebe wird von Demetrius in keinster Weise erwidert. (Zu: W. Shakespeare, „Ein Sommernachtstraum")

4 Als die Belagerer sich einen abgelacht hatten, schloss man Freundschaft mit den Stadtbewohnern. (Zu: K. Kusenberg, „Die Belagerung")

5 Man muss bedenken, dass diese Menschen ohne unsere Hilfe völlig aufgeschmissen wären.

6 Der ganze Bericht ist69 zeimlich mies.

7 Woyzeck sieht keinen Ausweg aus seinem verkorksten Leben.

Lösungsvorschläge: Seite 117

Grammatikfehler 1

Fleischkontrolle kostet den Metzgern zu viel Zeit

Das neue Fleischhygienegesetz macht die Trichinenuntersuchung sicherer

In den folgenden Fehlerbeispielen wird gegen die Grundstrukturen der deutschen Sprache verstoßen. Die Fehler ergeben sich aus der Nichtbeachtung grammatischer Regeln. Im obigen Fall handelt es sich um die Wahl eines falschen Kasus: Wo ein Akkusativ stehen müsste (**wen** kostet es Zeit? – **die** Metzger), erscheint ein Dativ („**den** Metzgern"). Wahrscheinlich wurde hier eine andere mögliche Formulierung mitgedacht, bei der ein Dativ erforderlich ist:

Fleischkontrolle **kostet die Metzger** zu viel Zeit.
Fleischkontrolle **raubt den Metzgern** zu viel Zeit.

So wie hier sind grammatische Regelverstöße oft die Folge übergreifender Formulierungsprobleme (vgl. „Kontamination", „Gedanklicher Kurzschluss").

1 Ich sehe eine Spinne und ekel mich.

2 Die Frau rann nach unten, um der Polizei die Tür zu öffnen.

3 Das Ehepaar hat sich ihre Sonntagskleider angezogen.

4 Er verletzte sich an seinem Knie, Brust und Kinn.

5 Der Tod wird im Bild eines Schleiers dargestellt, ein Schleier, den man über den Kopf zieht.

6 Sie tut das auf unterschiedliche Art und Weisen.

Lösungsvorschläge: Seite 118

Grammatikfehler 2

1 Oberhalb der Frau ihrer Wohnung war jemand eingezogen.

2 Der König ist erstaunt: Statt einer seiner Ritter springt ein Knappe ins Meer.
(Zu: Fr. Schiller, „Der Taucher")

3 Als Erstes tritt der Elfenkönig in Erscheinung.
(Zu: W. Shakespeare, „Ein Sommernachtstraum")

4 Oberon will, dass Titania nach dem Erwachen als Erstes einem Esel begegnet.
(Zu: W. Shakespeare, „Ein Sommernachtstraum")

5 Ich bezweifle, ob du Recht hast.

6 Der Hauptmann ist verwirrt über Woyzecks Verhalten.

7 Der Vater dachte: Umso schneller die Verabschiedung, umso besser für mich.

8 Er hat deshalb dazu geschwiegen, damit niemand seine Unsicherheit bemerkt.

Lösungen: Seite 119 Arbeitsblatt dazu auf den Seiten 70/71

Arbeitsblatt

1 Oberhalb der Frau ihrer Wohnung war jemand eingezogen

Der umgangssprachliche Ausdruck „der Frau ihre Wohnung" ist in der Grammatik nicht vorgesehen. Die Präposition „oberhalb" erfordert einen Genitiv (oberhalb **wessen**?). Von dem ist hier ein weiterer Genitiv abhängig (**wessen** Wohnung?).

Oberhalb ______________________________ war jemand eingezogen.

Einfacher ist die Lösung mit der Präposition „**über**":

____

2 Der König ist erstaunt: Statt einer seiner Ritter springt ein Knappe ins Meer.

Die Präposition „statt" ist mit dem Genitiv verbunden („statt dessen"). Der Fehler entsteht hier dadurch, dass der Genitiv Singular („eines" Ritters) nicht vom nachfolgenden Genitiv Plural („**seiner** Ritter") unterschieden wird.

Statt ______________________________ seiner Ritter springt ein Knappe ins Meer.

3 Als Erstes tritt der Elfenkönig in Erscheinung.

Bei Ordnungsangaben im Hinblick auf eine Reihenfolge muss das grammatische Geschlecht des Bezugswortes beachtet werden. Also:

Der Elfenkönig tritt **als** ____________________ in Erscheinung.

Die Elfenkönigin tritt **als** ____________________ in Erscheinung.

Dieser Apfel ist **der** ____________________, der reif geworden ist.

Die geschlechtsneutrale Form (das Erste, das Letzte, als Erstes, als Letztes) kann auch im verallgemeinernden Sinn verwendet werden (das Erste **überhaupt**, das …)

Dieser Apfel ist **das Erste** (überhaupt), das ich heute gegessen habe.

4 Oberon will, dass Titania nach dem Erwachen als Erstes einem Esel begegnet.

Die geschlechtsneutrale Ordnungsangabe „als Erstes" wird oft fälschlich als Adverb im Sinne von „zuerst" verwendet. Das ist offenbar auch hier der Fall. Die Ordnungsangabe muss hier aber als Teil der Satzergänzung angesehen werden und steht daher im selben Fall wie dieses **Dativ**-Objekt:

Oberon will, dass Titania nach dem Erwachen als

____________________ (Lebewesen) **einem Esel** begegnet.

5 Ich bezweifle, ob du Recht hast.

Der mit „**ob**" eingeleitete Satz ist ein **abhängiger Fragesatz**. Der Hauptsatz, von dem er abhängig ist, muss also deutlich machen, dass sich hier jemand eine Frage stellt, z. B. so:

____________________________________, ob du Recht hast.

„**Bezweifelt**" wird nicht eine Frage, sondern eine Behauptung. Behauptungen lassen sich in Dass-Sätzen formulieren.

Ich bezweifle, ____

Lösungen: Seite 119

Grammatikfehler 3

Die Präposition „durch“

Mit der Präposition **„durch“** antwortet man auf die Frage **„wodurch?“**. Wo diese Frage nicht sinnvoll gestellt werden kann und wo sie keine passende Antwort findet, kann die Präposition „durch“ nicht verwendet werden. **Richtig** ist der Satz:

Durch harte Arbeit hat sie ihr Ziel erreicht.

Die Frage **„wodurch?“** kann hier gestellt werden und erhält eine passende Antwort. **Falsch** ist der Satz:

☹ Durch meine Geldknappheit kann ich meine Rechnung nicht begleichen.

Auf die Aussage „Ich kann meine Rechnung nicht begleichen“ kann man nicht mit der Frage **„wodurch?“** reagieren. **Falsch** ist der Satz:

☹ Durch unsere alte Freundschaft haben wir Frieden geschlossen.

Die Frage **„wodurch?“** kann hier zwar gestellt werden, man müsste sie aber anders beantworten, z. B. so:

Wodurch haben wir Frieden geschlossen? – Durch ein Versöhnungstreffen.

Die falsche Verwendung von „durch“ wird oft übersehen, weil eine Neigung besteht, die Präposition kausal zu deuten und sie im Sinne von **„wegen“**/**„aufgrund“** zu verwenden Wenn man das tut, erscheinen die falschen Sätze richtig. Man versteht sie nämlich so:

Wegen meiner Geldknappheit kann ich meine Rechnung nicht begleichen.

Wegen unserer alten Freundschaft haben wir Frieden geschlossen.

„Durch“ verweist in seiner Grundbedeutung nicht auf Ursachen, sondern auf **Mittel** („mittels …“, „mit Hilfe von …“), d. h. auf etwas, das ein Geschehen oder einen Zustand ermöglicht. Wo diese Grundbedeutung überhaupt keinen Sinn mehr ergibt, muss die Präposition „durch“ vermieden werden. Die kausale Präposition ist dann die einzig richtige:

Wegen/aufgrund seiner Unfreundlichkeit gehe ich ihm aus dem Weg.

In welchen Sätzen wird die Präposition „durch" falsch verwendet – und warum?

1 

BILD-Frankfurt • Frankfurt, 9. Mai 1984 • BILD • Seite 3

Neue Verkehrszeichen, neue Ampeln – so wurde Frankfurt sicherer

Friedensbrücke: Durch dieses Schild kracht's weniger

2 Durch deine gestrige Bemerkung wurde ich gekränkt.

3 Durch sein rotes Halstuch bin ich auf ihn aufmerksam geworden.

4 Durch die Zensur wurde der Roman nicht veröffentlicht.

5 Durch die Zensur verbreitete sich im Nazi-Reich der Flüsterwitz.

6 Durch meine guten Noten gehe ich jetzt auf die Oberstufe.

7 Durch die Hitze kann ich nicht schlafen.

8 Durch ständiges Üben habe ich meine Sprachkenntnisse verbessert.

9 Durch meine Ungeschicklichkeit werde ich überall verspottet.

10 Durch sein Klopfen wurde er schließlich entdeckt.

Lösungen: Seite 120

Grammatikfehler 4

Falscher Rückbezug

Pronomen und hinweisende Adverbien („darauf", „darüber", „dort", „deswegen") sind wie Zeigefinger. Sie verweisen auf etwas, das in der Regel kurz zuvor oder kurz danach im Text benannt wird. Verständnisprobleme entstehen,

a) wenn auf etwas gezeigt wird, das im vorangehenden Text gar nicht vorkommt.

Beim **Rückbezug** entstehen manchmal auch grammatische Probleme,

b) wenn das Pronomen sich dem Bezugswort grammatisch nicht anpasst,

c) wenn das Pronomen sich nicht auf ein markantes Nomen bezieht (auf das Subjekt des Satzes oder auf ein unmittelbar zuvor genanntes Objekt),

d) wenn der Rückbezug nicht eindeutig ist.

Beispiele:

☹ a) Man darf nichts übereilen. **Daran** ist schon manches Projekt gescheitert."

☹ b) „Das Ehepaar zieht **ihre** Sonntagskleider an."

☹ c) „In Angela Merkels Vortrag kritisiert **sie** die Wirtschaftspolitik."

☹ d) „Die Sonne bescheint die Wiese. **Sie** leuchtet sommerlich."

Welcher der vier Fälle liegt hier vor?

1 Wenn er jetzt an diese Verhältnisse zurückdenkt, vergleicht er es mit dem Paradies.

2 Man darf die Grundbedürfnisse der Menschen nicht aus den Augen verlieren. Daran ist schon so manche Regierung gescheitert.

3 Henrik gibt Boris keine Chance, weil er ein selbstsüchtiger Mensch ist.

4 Der Feldherr entschließt sich zum Angriff. Drei Tage lang beschießen sie die Stadt.

Lösungen: Seite 121 Arbeitsblatt dazu Seite 75

Konstruktionsfehler

Arbeitsblatt

1 Wenn er jetzt an diese Verhältnisse zurückdenkt, vergleicht er Fall: ( )

______________________ mit dem Paradies.

2 Es handelt sich hier um eine „Kurzschlussformulierung." Das hinweisende Adverb („**daran**") wurde nur mitgedacht, aber nicht ausformuliert. Die vollständige Aussage: Fall: ( )

Man darf die Grundbedürfnisse der Menschen nicht aus den Augen verlieren.

____

Daran ist schon manche Regierung gescheitert.

3 Wer ist hier ein „selbstsüchtiger Mensch" – Henrik oder Boris? Nehmen wir an, Henrik sei es. Wie lässt sich das unmissverständlich formulieren? Fall: ( )

____

____

Und wenn Boris gemeint ist?

____

____

4 Auch hier muss das heimlich Mitgedachte benannt werden: Fall: ( )

Der Feldherr entschließt sich zum Angriff.

____

____

Lösungen: Seite 121

Grammatikfehler 5

Indirekte Rede

Konjunktiv und Indikativ in der indirekten Rede.

Wenn wir darüber berichten, was jemand denkt oder äußert, tun wir das meist in der Form der **indirekten Rede**. In abhängigen Sätzen wird dabei das Prädikat in der Regel in den **Konjunktiv** gesetzt, – um deutlich zu machen, dass wir eine fremde Meinung oder Aussage wiedergeben, deren Glaubwürdigkeit zunächst einmal unberücksichtigt bleiben soll.

Daniel sagt, er **sei** krank.

Daniel sagt, dass er krank **sei**.

Der Konjunktiv **kann** allerdings in zwei Fällen durch den **Indikativ** ersetzt werden:

a: wenn die abhängige Rede mit einer **Konjunktion** oder einem **Fragewort** beginnt:

Daniel sagt, **dass** er krank **ist** (krank sei).

Der Lehrer fragte, **ob** Daniel krank ist (krank sei).

Das Einleitewort macht genügend deutlich, dass es sich hier um indirekte Rede handelt. Der Konjunktiv wird in diesem Fall nur benötigt, wenn offen bleiben soll, ob die wiedergegebene Aussage glaubwürdig oder realistisch ist.

b: wenn Nebensätze die indirekte Rede erweitern:

Anita meint, sie habe jetzt drei Wochen gearbeitet, ohne dass ihr jemand gedankt **hat** (habe).

Anita fragte, wozu sie noch arbeiten soll(e), wenn ihr niemand **dankt** (danke).

Arbeitsblatt

Sie sagt: „Ich komme mir komisch vor, wenn mir so etwas passiert".

1 Sie sagt, sie ____________________ sich komisch vor, wenn ihr so etwas ________________.

2 Sie sagt, wenn ihr so etwas __________________, __________________ sie sich komisch vor.

3 Sie sagt, dass sie sich komisch ____________________, wenn ihr so etwas ______________________.

Sie sagte: „Ich kam mir komisch vor, als mir das passierte".

4 Sie sagte, sie ____, ____.

5 Er fragte sie, ob sie sich ____, ____.

Lösungen: Seite 122

Grammatikfehler 6

Indirekte Rede

Konjunktiv I und Konjunktiv II

Der **Konjunktiv I** („er sei", „sie habe", „es gebe") hat grundsätzlich Vorrang vor dem **Konjunktiv II** („er wäre", „sie hätte", „es gäbe") – auch wenn die Aussage oder die Frage in der Vergangenheit stattgefunden hat.

Daniel sagte, er **sei** krank.

Anita meinte, sie **habe** jetzt drei Wochen gearbeitet, ohne dass ihr jemand gedankt hat (habe).

Der **Konjunktiv II** wird gebraucht,

– wenn ein verstärkter Zweifel zum Ausdruck gebracht werden soll:

Daniel sagt, er **wäre** krank.
(Vielleicht ist er es gar nicht.)

– wenn der Konjunktiv I mit dem Indikativ verwechselt werden kann, sodass nicht klar erkennbar ist, ob es sich um eine indirekte Rede handelt:

☹ Ich sagte, ich habe keine Lust.

⇩

Ich sagte, ich **hätte** keine Lust.

Indirekte Rede: Konjunktiv I oder Konjunktiv II ?

1	Sie sagt, sie ____________ belästigt worden.	(Die Aussage ist möglicherweise begründet)
2	Der Portier berichtet, ein verdächtiger Mann ____________ sich der Tür genähert.	(Kann sein – kann auch nicht sein)
3	Der Portier berichtet, ein verdächtiger Mann ____________ sich der Tür genähert.	(Man muss bezweifeln, dass er die Wahrheit sagt)
4	Sie sagte, sie ____________ krank.	(Vermutlich hat sie gelogen)
5	Sie sagte, sie ____________ krank.	(Das erschien durchaus glaubwürdig)
6	Ich befürchtete, ich ____________ Fieber.	(Diese Befürchtung war begründet)
7	Er beteuerte, dass er an dem Unglück unschuldig ________.	(Es gibt keine Augenzeugen, niemand kann etwas zum Hergang sagen)
8	Wir berichteten, dass der Bus bei Rot über die Ampel gefahren ____________.	(Wir konnten den Hergang genau beobachten)

Lösungen: Seite 123

Grammatikfehler 6

Indirekte Rede

J. Heinrich Füssli: „Titania und Zettel", 1793/94; Zürich, Kunsthaus

Aus einer Inhaltsangabe zu Shakespeares Komödie „Ein Sommernachtstraum":

Theseus von Athen und Hippolyta bereiten ihre Hochzeit vor, da kommt Egeus mit der Klage, seine Tochter Hermia ______________ nicht den Demetrius, dem er sie versprochen ________________, sondern einen gewissen Lysander heiraten; Hermia bekennt ihre Liebe zu Lysander, und dass sie Demetrius nicht nehmen ______________, Lysander sagt, Demetrius ____________ eigentlich doch in Helena verliebt gewesen. Theseus erklärt das Recht des Vaters für das bessere und gibt Hermia Bedenkzeit bis zu seiner Hochzeit.

Lysander und Hermia verabreden daraufhin für die nächste Nacht die Flucht zu einer Verwandten von ihm und ein Treffen zu dieser Flucht in einem nahen Wald. Das erzählt Hermia ihrer Freundin Helena, die darüber weint, dass Demetrius, den sie liebt, nur Augen für Hermia ______________. Helena wieder will das alles dem Demetrius berichten. […]

Konstruktionsfehler

Im Wald erzählt Puck einer Fee vom Streit zwischen Titania und Oberon: Titania ________ am Indus einem König einen schönen Knaben geraubt, den aber Oberon haben ________; seither **treffen** ________ die beiden sich nicht mehr, und alle Elfen ________ Angst. Die Fee erkennt nach diesen Reden in Puck den wilden Hobgoblin, und er sagt, er ________ wirklich dieser neckende Nachtgeist. Oberon und Titania treffen sich jetzt; Titania wirft Oberon vor, er ________ nur hierher nach Athen gekommen, um mit Hippolyta noch einmal zu schlafen, er repliziert (erwidert), sie ________ bloß scharf auf Theseus.

Sie beklagt sich über sein Schmollen: die ganze Natur ________ in Unordnung geraten deswegen; er sagt, er ________ ja nur den Knaben haben, dann ________ alles wieder gut; und sie erzählt von ihrer Freundschaft mit der verstorbenen Mutter des **geben** Knaben, und sie ________ ihn nicht her. Oberon ruft den **haben** Puck: Er ________ jene Blume bringen, deren Saft, aufs Auge **begegnen** gegossen, die Kraft ________, verliebt zu machen in das, was dem aufgeschlagenen Auge zuerst ________; damit ________ er Titania behandeln.

Aus: Rolf Vollmann: Ein Alphabeth von Mord und Schönheit. Nördlingen: Franz Greno Verlag 1988. S.431 f.

Lösungen: Seite 124

Grammatikfehler 7

Infinitivgruppen

Die Infinitivgruppe mit „zu“ dient dazu, eine zuvor gemachte Aussage zu präzisieren. Sie übernimmt dabei die Rolle des Subjekts, eines Objekts oder eines Attributs:

Subjekt: Es wäre nötig gewesen, **uns zu benachrichtigen**. (**Was** wäre nötig gewesen?)

Objekt: Er ist alt genug, **die Zusammenhänge zu verstehen**. (Alt genug – **wozu?)**

Attribut: Das ist deine Art, **dich auszudrücken**. (Um **welche** Art geht es?)

Die Infinitivgruppe mit „um zu“ dient dazu, eine Absicht, einen Zweck auszudrücken. Sie vertritt also einen Finalsatz:

Er studiert den Plan, **um** sich **zu** orientieren.
(= Er studiert den Plan, **damit** er sich orientieren kann.)

Die beiden Infinitivgruppen werden nicht immer deutlich auseinandergehalten.

Bei den nachfolgenden Beispielsätzen ist der Infinitiv mit „um zu“ nicht in allen Fällen gerechtfertigt. **Markieren Sie die fehlerhaften Sätze** und begründen Sie Ihre Entscheidung.

1 Das ist das beste Mittel, um wieder gesund zu werden.

2 Ralf eignet sich gut, um diese Aufgabe zu übernehmen.

3 Antonia kehrt zurück, um sich zu entschuldigen.

4 Er hat zwei Jahre Zeit, um diese schwierige Aufgabe zu lösen.

5 Er hat kein Geld, um sich etwas zu kaufen.

6 Ari springt von der Mauer, um den Freunden seinen Mut zu beweisen.

7 Die Kellnerin bückt sich, um das Geldstück aufzuheben.

8 Charles wird ermutigt, um eine Rede zu halten.

Lösungen: Seite 125

Satzbaufehler

In den folgenden Beispielen ist die Satzkonstruktion verwirrend und z. T. auch falsch.

☹ Die Leute können sich nicht vorstellen, dass, wenn man alles verloren hat, man sich über eine Uhr freuen kann.

Solche Verschachtelungen und Verknotungen sind nicht notwendig. Auch komplizierte Gedanken lassen sich in den meisten Fällen locker und verständlich formulieren. Das genannte Beispiel bietet da verhältnismäßig geringe Probleme:

Die Leute können sich nicht vorstellen, dass man sich über eine Uhr freuen kann, wenn man alles verloren hat.

Bei den folgenden Beispielen sind über die bloße Umstellung der Satzteile hinaus oft Neuformulierungen erforderlich, die zur Klärung der Aussage beitragen.

1 Er meint, dass, wenn ein Mensch faulenzt, er seine Zeit verschwendet.

2 Diese Menschen glauben daran, dass, wenn sie sich an die Vorschriften halten, sie in den Himmel kommen, und wenn nicht, eben in die Hölle.

3 Die Puritaner waren überzeugt, dass, wenn der Mensch keinen wirtschaftlichen Erfolg hat, seine Seele auch nicht in den Himmel kommt.

4 Der Autor schreibt, dass, wenn es Wissenschaftlern gelingt, ein wirksames Medikament gegen die Krankheit zu entwickeln, die Krankheit für immer besiegt werden kann.

5 Wir hofften, dass, da sich das Wetter am Horizont bereits aufhellte, der Tag doch noch ein gutes Ende nehmen würde.

Lösungen: Seite 126

Satzbruch

Bei den folgenden Beispielen ändert sich mitten in der Aussage der Satzbauplan bzw. die Denkrichtung. Hier ist beim Schreiben der Faden verloren gegangen:

☹ Es geschieht oft, dass, je freundlicher man ist, nur Undank wird einem zuteil.

In dieser Aussage wird zweimal die Satzkonstruktion geändert. Drei Satzteile lassen sich voneinander trennen, die auf ihre Art ergänzt werden müssen, sodass sich drei grammatisch (und logisch) folgerichtige Aussagen ergeben:

Es geschieht oft, dass
Freundlichkeit durch Undank belohnt wird.

Je freundlicher man ist,
desto undankbarer sind die Leute.

Man kann noch so freundlich sein –
nur Undank wird einem zuteil.

Der Satzbruch kann auch als rhetorisches Mittel verwendet werden („**Anakoluth**"). Er erzeugt dann den Eindruck einer natürlichen, aus dem Augenblick geborenen Redeweise. Wo er überzeugend wirkt, wird er nicht als Fehler empfunden werden:

„Viele Grüße an deinen Vater – und dass es weiter mit ihm aufwärtsgeht."

Trennen Sie die unvereinbaren Satzteile und suchen Sie nach passenden Ergänzungen.

1 Der Kaiser bürdete der Stadtbevölkerung hohe Lasten auf, die sie zunächst ertrug, dann aber eine Widerstandshaltung einnahm. (Zu: K. Kusenberg, „Die Belagerung")

2 In der Ballade geht es um einen König, der seine Tochter demjenigen geben will, wenn ihm jemand einen goldenen Becher aus dem Meer holt. (Zu: Fr. Schiller, „Der Taucher")

3 Kleist erzählt nun, wie, gerade als Jeronimo sich umbringen will, fängt die Erde an zu beben. (Zu: H. v. Kleist, „Das Erdbeben zu Chili")

Arbeitsblatt

1 **a)** Der Kaiser bürdete der Stadtbevölkerung hohe Lasten auf, die sie zunächst ertrug, ______________________________.

b) Der Kaiser ______________________________

____

dann aber eine Widerstandshaltung einnahm.

2 **a)** In der Ballade geht es um einen König, der seine Tochter demjenigen geben will, ______________________________

______________________________.

b) Der König ______________________________

wenn ihm jemand einen goldenen Becher aus dem Meere holt.

3 **a)** Kleist erzählt nun, wie – gerade als Jeronimo sich umbringen will –

______________________________.

b) Kleist erzählt nun: ______________________________

______________________________ fängt die Erde an zu beben.

Lösungen: Seite 127

Lösungsvorschläge und Erläuterungen

Wie man sich im Fehlerdickicht zurechtfindet

Hohe Tragweite?

Bildhafte Ausdrücke müssen ernst genommen werden, sonst ergeben sich unerwünschte Nebenvorstellungen. Der Ausdruck „Tragweite" kommt aus der Waffenkunde. Er gibt an, wie weit der von einer Schusswaffe abgegebene Schuss reicht. Im übertragenen Sinn meint der Begriff auch so viel wie „Bedeutung", „Wirkung". Er kann sich aber immer nur auf eine wirkungsvolle **Handlung** beziehen, nicht auf ein Ding, ein Objekt. Ein Dokument ist ein Ding, es kann keine „Tragweite" besitzen, auch wenn es noch so bedeutungsvoll ist. Die **Entdeckung** eines Dokuments aber könnte ein Vorgang von großer Tragweite sein. Die Entdeckung oder Vernichtung eines Dokuments ist – wie ein Schuss – eine Handlung, die Auswirkungen hat.

Zum Bild der Tragweite passt übrigens nicht das Adjektiv „hoch", denn bei der Tragweite wird die Weite, nicht die Höhe gemessen. Wenn nach oben (also in die Luft) geschossen wird, kann von einer „Tragweite" nicht mehr gesprochen werden.

Sorge über humane Konsequenzen?

Die Formulierung bietet ein Beispiel für **sinnwidrigen Wortgebrauch.** Über „humane" Konsequenzen braucht man sich keine Sorgen zu machen. Man sollte sich eher darüber freuen. Denn „human" bedeutet: „menschengerecht", „menschenfreundlich". Wenn z. B. Gefangene human behandelt werden, kann man zufrieden sein. Es geht hier um die amerikanische Intervention im Irak. Wahrscheinlich ist gemeint, dass diese Intervention besorgniserregende Konsequenzen für die Menschen im Irak haben wird.

Studierbare Studiengänge?

Ein Beispiel für **sinnwidrigen Wortgebrauch.** „Studieren" bedeutet so viel wie „genau untersuchen", „lernen". „Studierbar" ist das, was studiert werden kann. An der Universität sind das die verschiedenen Wissenschaftsbereiche (z. B. „Romanistik",„Psychologie", Physik", „Mathematik"). Der zitierte Politiker will gewiss nicht sagen, dass der Verlauf eines Studiums (der „Studiengang") studiert werden soll. Er meint:

> Das Studium muss so organisiert werden, dass man es in kürzerer Zeit hinter sich bringen kann – ohne dass die Qualität der Ausbildung sich verringert.

Gräben aufwerfen?

Wieder **ein Bild, das nicht ernst genommen wird:** Ein Graben ist etwas, das ausgeschaufelt oder ausgehoben wird. Die Erde, die dabei nach oben gelangt, wird außerhalb des entstehenden Grabens aufgeschüttet, sodass Erdhügel oder Wälle entstehen. Der Graben ist das, was übrig bleibt, nachdem die Erde aufgeworfen worden ist. Die Überschrift will sagen, dass der Asylkurs innerhalb der Regierungspartei ernste Gegensätze erzeugt. Er lässt Gräben aufbrechen.

Der falsche Mann zur falschen Zeit?

Beispiel für einen **Denkfehler.** Der betreffende Politiker kann nur eins von beidem sein: **entweder** „der richtige Mann zur *falschen Zeit*" (dann ist er unzeitgemäß) **oder** „der falsche Mann zur richtigen Zeit" (dann ist er unbrauchbar). Für „falsche Männer" kann es eine falsche Zeit nicht geben. Sie sind immer unnütz.

Der Kniefall von Willy Brandt – eine schreckliche Tat?

Bundeskanzler Willy Brandt hat 1970 durch einen Kniefall am Mahnmal im Warschauer Ghetto der Opfer des Nationalsozialismus gedacht. Durch einen **falschen Rückbezug** erzeugt der Zeitungsbericht unfreiwillig den Eindruck, Außenminister Fischer halte diese eindrucksvolle Geste für einen skandalösen Vorfall. Vorschlag für eine unmissverständliche Formulierung:

> An dieser Stelle hatte Willy Brandt 1970 einen Kniefall getan und der Opfer der **nationalsozialistischen Gräuel** gedacht. Nach der kurzen Zeremonie sagte der Außenminister Fischer, das demokratische Deutschland wisse, dass **solche schrecklichen Taten** nie wieder geschehen dürften.

Dickes Loch?

Wieder **ein Bild, das nicht ernst genommen wird:** Ein Loch kann tief sein oder auch weit, aber niemals dick. „Dick" kann in der Regel nur sein, was massiv vorhanden ist. Ein Loch aber ist ja die Bezeichnung für ein Nichts. Ein „dickes Loch" also ist ein Unsinn. Aber ein „dickes Lob" – das kann man sich gefallen lassen.

Vorgeplante Tötungsabsicht?

Vorgeplante Tötung und Tötungsabsicht – das ist ein und dasselbe. Einen Ausdruck, in dem – überflüssigerweise – mehrfach dasselbe gesagt wird, nennt man **Pleonasmus.** Durch Zusammenziehung der beiden Begriffe entsteht purer Nonsens: eine vorgeplante Absicht.

Fehlerbestimmungs-Übungen

Fehlerart: **Fehlerbeispiel:**

Emma heiratet den Landarzt Charles Bovary.

Satzbaufehler Satzbruch
1 Sie hat den Traum, **dass, wenn** sie den Landarzt heiraten würde, **könnte sie** ein vornehmes Leben führen. **(sie könne ein vornehmes …)**

Kurzschluss
2 Charles ist ein langweiliger Ehemann **(in Gesellschaft benimmt er sich ungeschickt)** ganz im Gegensatz zu Emma.

Sinnwidr. Wortg.
3 Emma verfällt in **schwerfällige** Tagträume. **(schwermütige)**

Kontamination
4 Die Erfüllung ihrer romantischen Romane findet sie im wirklichen Leben nicht. **(<u>Die Erfüllung</u> ihrer Sehnsüchte/Die Welt <u>ihrer romantischen Romane</u>)**

Worterfindung
5 Sie gibt Charles die Schuld an ihrer **Unglückseligkeit. (an ihrem unglückseligen Zustand)**

Emma wird schwanger.

Unlogischer Anschluss
1 Sie will, dass es ein Junge wird. **Aber** als es ein Mädchen wird, fällt sie in Ohnmacht. **(Als es dann)**

Kurzschluss
2 Das Kind ist ihr **(lästig. Es macht ihr)** zu viel Arbeit.

Sie gibt das Kind zu einer Amme

Kurzschluss
1 Eines Tages überkommt Emma das Gefühl, **(es sei an der Zeit,)** ihre Tochter zu besuchen.

Kurzschluss
2 Sie hat Verlangen danach, **(zu erleben,)** wie es wohl ist, eine Mutter zu sein.

Fehlerbestimmungs-Übungen

Emma bittet ihren Verehrer Léon, sie zu der Amme zu begleiten

Kontamination

1 Emma und Léon fühlen sich **zueinander hingezogen.**
Emma und Léon fühlen sich **voneinander angezogen.**

Stilbruch

2 Léon ist von Emmas Schönheit **hin- und hergerissen (beeindruckt).**

Ungekl. Vorstellg.

3 Er scheint **der Einzigste** zu sein, der sie versteht **(der Einzige).**

Kurzschluss

4 Bei ihrem Gespräch entdecken die beiden viele Gemeinsamkeiten, z. B. **(die Begeisterung für)** Sonnenuntergänge.

Satzbruch

5 Ehebruch war zu dieser Zeit etwas, das man einfach nicht machte **und schon gar nicht darüber redete (vor allem sprach man nicht darüber).**

Emma und Léon bei der Amme

Ungekl. Vorstellg./ Kontamination

1 Als sie die **Gartentür betreten,** kommt ihnen die Amme entgegen. **(Als sie die Gartentür öffnen – Als sie den Vorgarten betreten)**

Sinnwidr. Wortgebr.

2 **Anhand** der Beschreibung des Innenraums kann man annehmen, dass die Amme nicht reich ist. **(der Beschreibung kann man entnehmen)**

Kurzschluss/ Unlog. Anschluss

3 Die Amme verdient sehr wenig, **(Man hat den Eindruck, dass es ihr am Nötigsten mangelt) denn** sie versucht, von Emma Seife zu bekommen.

Satzbaufehler

4 Die Amme bittet Emma, dem Krämer Bescheid zu sagen, **dass, wenn** sie Seife benötige, sie diese ohne Probleme bekommen kann **(dass er ihr Seife geben soll, wenn sie sie benötigt).**

Gedankl. Kurzschl.

5 Wenn Emma beim Krämer vorbeigeht, **(soll sie Seife bei ihm bestellen. Dann ...)** soll er der Amme Seife vorbeibringen.

Es fällt Emma schwer, sich wie eine Mutter zu verhalten

Kurzschluss/ Unlog. Anschluss

1 Emma will sich nicht schmutzig machen, **(Sie wird aber besudelt) Denn** als sie ihr Kind hochnimmt, muss sich das Kind übergeben.

Gedankl. Kurzschl.

2 Léon befürchtet, dass Emma durch seinen zudringlichen Blick **(irritiert wird und dass sie)** seine Gedanken lesen kann.

Falscher Sprachgebrauch von Profis 1

umschwirr'n mich wie Motten um das Licht?

Was Marlene Dietrich hier singt, ist **grammatisch** nicht in Ordnung. Das Prädikat im ersten Teil des Satzes ist nicht dasselbe wie das im zweiten Teil: Aus „umschwirren" ist „schwirren" geworden – ohne dass das direkt sichtbar wird (die Präposition „um" verrät es uns, die nicht nötig wäre, wenn die Motten das Licht „umschwirren" würden). Eine Änderung des Prädikats ist nur dann möglich, wenn aus dem zweiten Teil der Aussage ein eigener Satz (ein vergleichender Nebensatz) wird:

Männer umschwirr'n mich so, **wie Motten um das Licht schwirren.**
Männer umschwirr'n mich so, **wie Motten das Licht umschwirren.**

Da aber kein Nebensatz gebildet wird, bleibt „umschwirren" auch im vergleichenden Teil der Aussage als Prädikat gültig – was zu der grammatisch falschen Formulierung mit der Präposition „um" führt: „wie Motten um das Licht". Marlene (im Film heißt sie „Lola") hat zwei Möglichkeiten, die Verse grammatisch richtig vorzutragen:

„Männer umschwirr'n mich wie Motten das Licht"

oder

„Männer schwirr'n um mich wie Motten um das Licht"

1. ein glasklarer Trennungsstrich?

Beispiel für einen **Denkfehler**. Ein Trennungsstrich kann „scharf" sein oder „klar" (deutlich erkennbar) aber „glasklar"? Als Steigerung von „klar" ist dieses Wort hier unbrauchbar, denn es hat die Bedeutung „besonders durchsichtig". Auf die Durchsichtigkeit kommt es bei einem Trennungsstrich nun wirklich nicht an.

2. die noch so verwöhnteste Hauskatze?

Beispiel für einen **grammatischen Fehler**, der sich aus der Kreuzung von zwei möglichen Formulierungen ergibt (**Kontamination**). Die beiden möglichen Formulierungen lauten:

a) **Selbst die verwöhnteste** Hauskatze bleibt ein Raubtier.
b) Auch eine **noch so verwöhnte** Hauskatze bleibt ein Raubtier.

3. unerklärliche Gründe?

„unerklärlich“ sind **Gründe**, wenn sie sich nicht erklären, d. h. **begründen** lassen. Um eine Begründung der Begründung geht es hier aber nicht, sondern darum: Die Motive für eine bestimmte Oppositionshaltung sind **unklar**. Es liegt hier wohl eine **Wortverwechslung** vor – oder ein **sinnwidriger Sprachgebrauch**.

4. eine Lücke ersetzen?

Beispiel für einen **Denkfehler**. Der Verfasser des Satzes macht sich nicht klar, was eine „Lücke“ ist. Der Tod eines Menschen kann eine Lücke hinterlassen. Es geht dann aber nicht darum, diese Lücke zu ersetzen, sondern den Verstorbenen (d. h. die besonderen Qualitäten, die er besessen hat).

Eine Lücke wird **geschlossen**,
Menschen werden „ersetzt“ – soweit das möglich ist.

5. ein zugespitztes Spiegelbild?

Ein Beispiel für **gedankenlosen Umgang mit sprachlichen Bildern**. Das muss man sich mal vorstellen: ein zugespitztes Spiegelbild. Man kann natürlich sagen, dass sich ein Film als **Spiegel der Gesellschaft** verstehen lässt. Und man kann auch sagen, dass es sich um eine **zugespitzte Darstellung** handelt (d. h. um eine extrem kritische). Die beiden Bilder ergeben zusammengefasst aber kein stärkeres, sondern ein unfreiwillig komisches Bild: Man sieht einen Filmregisseur vor sich, der emsig versucht, ein Spiegelbild wie einen Bleistift zu spitzen.

Falscher Sprachgebrauch von Profis 2

1. sich selbst mit fremder Hilfe aus den Sumpf ziehen?

Beispiel für einen **Denkfehler**. Der Verfasser des Satzes macht sich nicht richtig klar, was das heißt: sich am eigenen Schopfe aus dem Sumpf zu ziehen. Es heißt, dass man ganz der eigenen Kraft vertraut, weil fremde Hilfe weit und breit nicht zu finden ist. Das Bild stammt bekanntlich aus den Erzählungen des Lügenbarons Münchhausen, der behauptet, sich mitsamt seinem Pferd an den eigenen Haaren aus einem Sumpf gezogen zu haben. Ohne ironischen Unterton lässt sich die unglaubwürdige Geschichte auch als Bild kaum verwenden.

2. ein verhandlungsfähiges Angebot?

Beispiel für eine **Wortverwechslung** – oder für **sinnwidrigen Sprachgebrauch**. „Verhandlungsfähig" ist einer, der verhandeln kann. Ein Angebot kann also nicht „verhandlungsfähig" sein. Es verhandelt nicht. Wenn es etwas taugt, ist es möglicherweise **„verhandelbar"** (diskutabel, man kann darüber reden).

3. Eroberungszüge als Ursache für Machterweiterung?

Beispiel für eine Aussage, die sich im Kreis dreht (**Tautologie**). Die schnellen Eroberungszüge der Osmanen sind genau das, was man auch als „Machterweiterung" bezeichnen könnte. Sie sind **Ausdruck** der Machterweiterung bzw. die **Form**, in der sie erfolgt. Die Ursache muss man woanders suchen (z. B. in der damaligen Schwäche des Oströmischen Reiches).

4. ohne die Chance, es abzuwenden?

Noch ein Beispiel für **gedanklichen Kurzschluss**: Zwei Gedanken, die nicht direkt zusammenhängen, werden kurzerhand zusammengeschoben. Dadurch entsteht ein unsinniger, grammatisch fragwürdiger Satz, in dem „das Verhängnis" nacheinander als Akkusativ-Objekt („es") und als Subjekt erscheint. Wenn man den Knoten auflöst und den kurzschlüssig übersprungenen Zwischengedanken ausformuliert, könnte sich folgende Aussage ergeben:

> Ohne die Chance, das Verhängnis (den drohenden Krieg) abzuwenden,
> **bemüht sich der Außenminister um eine diplomatische Lösung.**
> Das Verhängnis nimmt seinen Lauf.

5. ein Klaviervortrag, der sich sehen lassen kann?

Beispiel für einen **Denkfehler** – oder besser: für eine Entgleisung aus Gedankenlosigkeit. Der Musikkritiker hat etwa in der Mitte seiner Aussage zu denken aufgehört. Er lässt den

Satz mit Hilfe einer geläufigen Redewendung abschnurren, die er dann noch ein bisschen erweitert, um der Situation gerecht zu werden: „Das kann sich sehen – na ja, und natürlich auch hören lassen". Ein gut aussehender Schauspieler, der überraschenderweise auch noch gut singen kann, würde sich über ein solches Kompliment vielleicht freuen. Was soll aber ein Pianist davon halten, wenn man ihm sagt, er könne sich mit seiner musikalischen Interpretation sehen lassen? Er muss sich vorkommen wie ein Clown, der außer Späßen auch noch Musik macht.

6. friedlicher als befürchtet?

Der Satz klingt unsinnig – hat da jemand friedliches Verhalten „befürchtet"? Man könnte meinen, er sei durch Kontamination entstanden (d. h. durch die Vermengung von Formulierungen, die etwa das Gleiche aussagen). Die Formulierungen, die hier in Frage kommen, widersprechen sich allerdings in ihrem Inhalt:

friedlicher als erwartet – gewalttätiger als **befürchtet**

Wahrscheinlicher ist, dass hier zwei Aussagen, die auseinandergehalten werden müssten, zu einer Aussage zusammengezogen worden sind.

Die Globalisierungsgegner verhielten sich friedlicher als erwartet.
Wir alle hatten **befürchtet**, dass es zu Gewalttaten kommt.

7. schleunigst fortfahren?

Ein Beispiel für unpassende Wortverwendung. „Schleunigst" bedeutet: „auf schnellstem Wege", „so schnell wie möglich". Das Wort sollte aber nur in Situationen gebraucht werden, in denen mit einer Handlung begonnen werden soll („Du gehst jetzt schleunigst ins Bett!"). Die Aufforderung, mit einer schon begonnenen „schleunigst" fortzufahren, klingt etwa so wie der absurde Befehl: „Heinrich! Du bleibst da! – und zwar sofort!" (Karl Valentin).

8. „im wahrsten Sinn des Wortes"

Ein Beispiel für den **unpassenden Gebrauch einer sprachlichen Wendung**. Die Formel „im wahrsten Sinn des Wortes" (oder: „buchstäblich") benutzt man sinnvoll dann, wenn ein bildhafter Ausdruck unerwartet wörtlich verstanden werden kann. Wenn z. B. eine Freilichtveranstaltung wegen eines plötzlichen Wolkenbruchs vorzeitig beendet werden muss, kann man sagen: **„Die Veranstaltung ist im wahrsten Sinn des Wortes ins Wasser gefallen**: Im vorliegenden Fall wird die Wendung aber gedankenlos bloß im Sinne rhetorischer Verstärkung benutzt – als wollte man sagen: „Aufgepasst! Ich benutze den Ausdruck mit voller Absicht." Der Ausdruck „untergegangen" kann hier nicht als sprachliches Bild verstanden und wörtlich genommen werden, weil er genau das benennt, was passiert ist.

Falscher Sprachgebrauch von Profis 3

1. mit erhobenem Zeigefinger auf jemanden zeigen?

Der mahnend erhobene Zeigefinger zeigt in den Himmel. Dort befinden sich aber keine „Bananenrepubliken". Ein **Denkfehler** – vielleicht aber auch das Ergebnis einer **Kontamination**:

Wir haben kein Recht, mit erhobenem Zeigefinger die sogenannten „Bananenrepubliken" zu kritisieren.

Wir haben kein Recht, mit dem Finger **auf sogenannte „Bananenrepubliken" zu zeigen.**

2. Bangen CDU-Politiker um einen Autoritätsverlust?

„Um etwas bangen" bedeutet: sich um etwas Sorgen machen". Das, worum man bangt, ist also etwas Positives (z. B. Gesundheit, Leben, Sicherheit). Hier aber wird scheinbar um etwas Negatives gebangt: um einen Verlust. Die unbedachte Wortwahl erzeugt den falschen Eindruck, die CDU-Politiker wünschten sich einen Autoritätsverlust und seien jetzt in Sorge, dass die Schwächung des Staates nicht gelingt. Die missverständliche Formulierung ist vermutlich durch **Kontamination** entstanden.

CDU-Politiker bangen um die Autorität des Staates.
CDU-Politiker befürchten **einen Autoritätsverlust des Staates**.

3. ein erwünschter Erdrutsch?

Hier vergleicht jemand die Wählerbewegung von der SPD zur CDU in einer Folge von Landtagswahlen mit einem Erdrutsch. Der **gedankenlose Umgang mit einem sprachlichen Bild** verpatzt ihm aber die Wirkung dieses rhetorischen Glücksgriffs. Das Bild wird auf eine Weise ausgesponnen, die seine innere Logik zerstört und unfreiwillig komische, unsinnige Vorstellungen auslöst. Wenn die Wählermassen sich in Richtung Union bewegen, hat die CDU Grund, sich zu freuen. Ein Erdrutsch aber ist etwas Bedrohliches. Wer ihn auf sich zukommen sieht, wird eher die Flucht ergreifen. Dazu hat die CDU in dieser Situation wahrlich keinen Anlass. Der Kommentator hätte sein Bild besser auf die Situation der SPD beziehen und auf das Ausfantasieren seines Vergleichs verzichten sollen.

Auch dieser Wahlsonntag wird als rabenschwarzer Tag in die Annalen der SPD eingehen. Wieder verliert sie massiv Wählerstimmen an die CDU: ein Erdrutsch, der unvermindert anhält.

4. weitere Niederlagen?

Der SPD-Politiker merkt an der Reaktion seiner Zuhörer, dass er sich irreführend ausgedrückt hat. Sein Fehler ist ein **falscher Rückbezug**: Das Wort „Niederlage" ist im ersten Satz derart prominent platziert, dass alle rückbezüglichen Verweise („**das** geben wir zu", „**das** war erst der Anfang", „**weitere** werden folgen") automatisch damit in Verbindung gebracht werden. Zwei davon beziehen sich aber auf den Begriff „Europa-Wahlen". Das peinliche Missverständnis hätte sich vermeiden lassen, wenn der Politiker das entscheidende Wort wiederholt hätte.

> Aber **diese Wahlen** waren erst der Anfang. Weitere werden folgen.

5. „heute nicht so – wie damals schon nicht"

Hier ist jemand mit dem Versuch gescheitert, besonders boshaft und besonders geistreich zu sein. Er will den politischen Gegner mit zwei Vorwürfen treffen, die nicht so leicht auf einen Nenner zu bringen sind. Streitlustig, wie er ist, versucht er es trotzdem – und landet bei einem **gedanklichen Kurzschluss**. Die beiden Vorwürfe lauten:

> **1. Die Lösungen, die du dir vorstellst, sind veraltet.** (früher vielleicht sinnvoll, heute nicht mehr)
> **2. Die Lösungen, die du dir vorstellst, sind grundsätzlich falsch** (auch früher schon sinnlos)

Die beiden Vorwürfe widersprechen sich zumindest teilweise. Wer sie als geballte Ladung unreflektiert in einem Satz abschießt, wird selbst wie von einem Bumerang getroffen. Man muss sie auseinanderhalten und relativieren. Dann lässt sich vielleicht eine Beziehung zwischen ihnen herstellen, z. B. so:

> Das Versicherungssystem kann heute nicht mehr so funktionieren wie **früher – mal abgesehen davon, dass** es auch damals schon **gewisse Mängel aufwies**.

6. gegen etwas aufmerksam machen?

Die **grammatisch falsche Formulierung** ist offenbar durch **Kontamination** entstanden (d. h. zwei gleichermaßen richtige Formulierungen werden miteinander vermengt):

> Der Deutsche Städtetag will **gegen die** Auswirkungen des Bonner Sparpakets **protestieren** (bzw. **auf die** Auswirkungen **aufmerksam machen**).

Falscher Sprachgebrauch von Profis 4

1. menschenverachtende Mittel?

Ein Beispiel für **Gedankenlosigkeit in der Wortwahl**. Es geht hier darum, dass bestimmte Mittel der Konfliktbearbeitung im Kosovo kritisiert werden. Gemeint ist, dass diese Mittel als unmenschlich anzusehen sind. Dieser Ausdruck wird hier aber nicht gewählt, sondern das stärkere „menschenverachtend", das gar nicht herpasst – Warum nicht? – weil Mittel niemanden verachten. Menschenverachtend können nur Menschen sein (z. B. wenn sie grausame, brutale, barbarische Mittel einsetzen, um ihre Ziele zu erreichen).

2. humanitäre Katastrophe?

Ein Beispiel für **sinnwidrigen Sprachgebrauch**. „Humanitär" nennt man Handlungen, die das Ziel haben, notleidenden Menschen zu helfen. „Humanitäre Katastrophen" kann es also nicht geben, denn Katastrophen dienen nicht dem Wohl der Menschen. Was der Außenminister sagen will, muss leider etwas umständlicher ausgedrückt werden:

> Der Außenminister befürchtet eine Katastrophe der allgemeinen Lebensbedingungen.
> Der Außenminister befürchtet eine das Überleben der Menschen bedrohende Katastrophe.
> Der Außenminister befürchtet menschenunwürdige, katastrophale Verhältnisse.

3. die Befreiung des Iraks?

Hier liegt ein einfacher **grammatischer Fehler** vor. Bei Eigennamen (bei Staaten, Personen, Monaten), die mit einem Artikel verbunden sind, entfällt die Genitiv-Endung.

Die Wiedervereinigung des geteilten Deutschland	(**aber**: Die Wiedervereinigung Deutschlands)
Der Tod des Barbarossa	(**aber**: Der Tod Barbarossas)
Die Launen des April.	
Die Befreiung des Irak.	

4. US-geführte Streitkräfte liefern sich Gefechte?

Ein Beispiel für **sinnwidrigen Sprachgebrauch**. Der Ausdruck „sich Gefechte liefern" lässt sich hier nicht verwenden, weil er sich immer auf zwei gegnerische Kampfverbände bezieht. Die von den USA geführten Streitkräfte gehören ein und derselben Kriegspartei an. Es ist unwahrscheinlich, dass sie sich selbst Gefechte liefern.
Man muss also sagen:

> US-geführte Streitkräfte liefern sich mit feindlichen Truppen vor Basra heftige Gefechte.

5. das Vakuum ist mit Händen zu greifen?

Ein Beispiel für **gedankenlosen Umgang mit sprachlichen Bildern**. Ein Vakuum ist ein leerer Raum. Weil da nichts ist, kann man da auch nichts mit Händen greifen. Was man sagen kann:

> Das Machtvakuum gefährdet die Stabilität im Kongo.
> Die Bürgerkriegsgefahr ist in Kinshasa mit Händen zu greifen.

6. Entführungsversuch einer El-Al-Maschine?

Beispiel für eine **ungeschickte, missverständliche Formulierung**. Gemeint ist:

> Der Versuch, eine El-Al-Maschine zu entführen, ist gescheitert.

Die ursprüngliche Formulierung weckt den unsinnigen Eindruck, das Flugzeug selbst habe einen Entführungsversuch unternommen. Hier bereitet wohl der Umgang mit zusammengesetzten Wörtern Probleme. „Entführungsversuch" ist ein zusammengesetztes Wort (Kompositum). Der entscheidende Begriff steht hier immer am Ende. Auf dieses „Grundwort" muss sich alles beziehen:

> **Eigenschaftswörter**: Der **gescheiterte** Entführungs**versuch**
> **Relativsätze**: Der Entführungs**versuch**, der **gescheitert ist**
> und auch **Genitive**: Der Entführungs**versuch der Luftpiraten** ist gescheitert.

7. lohnenswerte Aufgabe?

Ein Beispiel für **sinnwidrigen Wortgebrauch**. Gemeint ist hier, dass es sich lohnt, die Aufgabe anzupacken. Es handelt sich also um eine lohnende Aufgabe. Demgegenüber bedeutet „lohnenswert", dass eine Sache es wert ist, belohnt zu werden. Das ergibt im Hinblick auf „Aufgabe" keinen rechten Sinn.

8. Ein schönes Beispiel für eine **tautologische Formulierung**, die sich als weise Erkenntnis ausgibt, im Grund aber nichts besagt. Prognosen betreffen immer die Zukunft. Die präzisierende Erläuterung dreht sich also im Kreis. („heute-journal", 29.4.2008)

Trivialitäten

1 Dass der einleitende Satz am Anfang steht, versteht sich von selbst. Erwähnenswert könnte aber sein, dass der Autor seinem Text eine Einleitung vorausschickt (statt unverzüglich zur Sache zu kommen) oder dass der Text auf unerwartete Weise beginnt:

> Der Autor **beginnt mit einer Einleitung**.
> Am Anfang **steht ein ziemlich provozierender Satz.**

2 Jeder Autor will „gewisse Wirkungen erzielen“. Das braucht nicht extra gesagt zu werden. Wichtig wäre es aber, zu erfahren, auf welche Art von Wirkung es ihm ankommt. Man könnte z. B. sagen:

> Heine will beim Leser **Schockwirkungen erzielen.**

3 Wenn hier über die Art der Geschichte nichts Genaueres mitgeteilt werden soll, genügt es, zu sagen, dass sie erzählt wird. Dass es sich dabei um eine Erzählung handelt, versteht sich von selbst.

> Die Autorin erzählt uns eine Geschichte.

4 Ilse Aichinger schreibt Geschichten. Sie ist also eine Autorin. Muss das besonders betont werden?

> Die Geschichte wurde **von Ilse Aichinger geschrieben**.
> Die Autorin ist Ilse Aichinger.

5 Wem ich etwas erkläre, dem wende ich mich zu. Das ist so selbstverständlich, dass ich es nicht extra betonen muss.

> Sie erklärt dem Publikum die Handlung.

6 Was von verschiedenen Standpunkten aus geschieht, ist natürlich unterschiedlich.

> Das Stück lässt sich **unterschiedlich** interpretieren.
> Das Stück lässt sich **von verschiedenen Standpunkten aus** beurteilen.

Tautologien

Wenn man die Tautologie auflösen will, muss man die überflüssige, bloß wiederholende Aussage durch eine ersetzen, die wirklich weiterführt.

1 Kreon ist ein Tyrann,
der gegen die alten Traditionen den Geist einer neuen Zeit verkörpert.

2 Das Verhältnis des Erzählers zu seinem Helden wird enger, d. h.,
er versetzt sich zeitweise in ihn hinein und gibt seine Gedanken wieder.

3 Die Vorrechte **waren aufseiten des Adels und des Klerus.**

4 Die ständig wachsende Armut **bedroht den sozialen Frieden.**

5 Wenn man überlegt, was diese Leute alles vorhaben,
kann man sich nur fragen,
warum der Staat ihnen nicht größere Aufmerksamkeit widmet.

6 Am anderen Ufer erwarten ihn Räuber, **die bis an die Zähne bewaffnet sind.**

7 Die Eindrücke stürzen wie ein Wasserfall auf ihn ein,
wobei er völlig die Orientierung verliert.

Ungeklärte Vorstellungen

1 Parallelen sind keine Verbindungslinien, sondern gleichlaufende Linien. Der Satz muss also lauten:

> Zwischen dem einen und dem anderen Text **lassen sich** klare **Parallelen** (Gleichartigkeiten) **feststellen**.

2 Ohnmacht ist keine Macht. Sie zeugt gerade von der Unfähigkeit, etwas zu beherrschen.

> Hass beherrscht zunächst seine Gefühle. Dann **nehmen** die Ohnmachtsgefühle **überhand**.
> Hassgefühle wechseln mit Ohnmachtsempfindungen.

3 Eine Uhr „geht". Eine Lampe „leuchtet". Hier kann man auch sagen:

> Die Lampe ist repariert. Jetzt **funktioniert sie wieder**.

4 Von der „erfolgreichsten Oper" kann man in diesem Fall nicht sprechen, da der Komponist nur eine einzige geschrieben hat. Ein Vergleich von Publikumserfolgen ist deshalb nicht möglich.

> Es war die einzige Oper dieses Komponisten. **Sie hatte großen Erfolg**.

5 „Teuer" ist nur das, wofür Preise bezahlt werden (Waren).

> Hier kaufen wir nichts. Die Preise sind viel **zu hoch**.

6 Was ein Autor sagt, ist nur dann ein Zitat, wenn es – außerhalb seiner Schriften – wörtlich wiedergegeben, d. h. „zitiert" wird. Goethe gibt also nicht Zitate von sich, wenn er redet und schreibt, was **er** denkt. Andere aber, die das für wichtig halten, greifen bisweilen aus seinen Texten Zitate heraus:

> Genau das sagt Goethe. **Ich zitiere: „…"**

7 Tatsachen bedürfen keiner Begründungen. Sie sind einfach da und müssen erkannt werden. Begründen muss man Vermutungen, Meinungen, Urteile – und das geschieht, indem man zu beweisen versucht, dass sie mit den Tatsachen vereinbar sind.

8 „Vorbeigehen", „vorbeireiten", „vorbeifahren" kann man nur an etwas, das sich wenig oder gar nicht bewegt und das man in kurzer Zeit hinter sich lassen kann. Einen Fluss kann man hinter sich lassen, wenn man ihn überquert. Vorbeireiten kann man an ihm nicht. Man „folgt" ihm, man „begleitet" ihn ein Stück weit.

Gedanklicher Kurzschluss 1

1 Nicht die Sendungen, sondern ihre Empfänger sind benachrichtigt worden. Man müsste also sagen:

Schalter für Sendungen, **deren Empfänger benachrichtigt wurden.**

Das klingt auf einem Informationsschild natürlich sehr umständlich. Es gibt auch kürzere Lösungen, z. B.:

Abzuholende Sendungen.

2 Kitschige Literatur ist auf die Dauer langweilig. **Sie zu lesen** ist eine Zeitverschwendung.

3 Rückblickend **muss ich sagen**:
Man hätte das alles auch ganz anders machen können.

4 Der König sagt: Wer das Rätsel löst, soll **mein** Nachfolger
und Herr meines Landes werden.

5 Ich meine, es sollte selbstverständlich sein,
dass man für seine politischen Überzeugungen **einsteht,**
auch **wenn man dadurch** Nachteile hat.

6 In diesem Fall sind zwei gedankliche Zwischenschritte erforderlich:

Den Rehbraten, den er aufträgt,
verdanken wir seiner Jagdleidenschaft.
Das Reh hat er selbst geschossen.

Gedanklicher Kurzschluss 2

1 Sie lobt ihn **dafür**, wie anständig er ist.

2 Hier zeigt sich ihre Mutlosigkeit.
Sie ist unfähig, ihren Gefühlen freien Lauf zu lassen.

3 Er ist unbrauchbar.
Es gelingt ihm nicht, das Problem zu lösen.

4 Er droht ihr
und verlangt von ihr, dass sie sich ergeben soll.

5 Der Hausherr kämpft mit sich.
Er weiß nicht, ob er den Fremden beherbergen soll.

Unlogischer Anschluss

1 Was kurz und bündig erzählt wird, kann durchaus der Wahrheit entsprechen. Die Konjunktion „aber" ergibt hier also keinen Sinn. Man kann sie einfach weglassen:

Die Geschichte wird kurz und bündig erzählt. **Sie beruht auf Tatsachen.**

Man kann ihr allerdings auch durch einen eingefügten Zwischengedanken Sinn verleihen:

Die Geschichte wird kurz und bündig erzählt. **Sie klingt unglaubhaft**, beruht **aber** auf Tatsachen.

2 Die beiden Aussagen bilden keinen Gegensatz. Die Konjunktion „aber" ist also durch nichts gerechtfertigt. In welchem Verhältnis stehen die Aussagen zueinander? – Welche Konjunktion drückt dieses Verhältnis aus?

Er hält sich für unwiderstehlich, meint **deshalb**, er sei überall willkommen.

Möglicherweise bezieht sich die Konjunktion „aber" auf einen verloren gegangenen Zwischengedanken. Wie könnte der lauten?

Er hält sich für unwiderstehlich. **Er ist im ganzen Ort unbeliebt**, meint **aber**, er sei überall willkommen.

3 Zwischen den beiden Aussagen wird mit der Konjunktion „so" eine konsekutive Beziehung hergestellt (wenn – dann). Die wirkt hier aber unlogisch, denn die misslingende Verständigung ist nicht die Folge der Gesprächsanalyse. Logik entsteht erst, wenn der fehlende Zwischengedanke eingefügt wird.

Analysiert man das Gespräch, so **wird erkennbar**:
(Es) gelingt hier keine wirkliche Verständigung.

4 Ein häufig anzutreffender Denkfehler: Die **Anzeichen** eines Geschehens werden für die **Ursache** gehalten. Dass die beiden sich innig anschauen, ist ein Zeichen dafür, dass sie sich lieben. Die zärtlichen Blicke sind aber nicht Ursache ihrer Liebe. Man kann die beiden Aussagen einfach unverbunden (ohne Konjunktion) nebeneinanderstellen:

Die beiden lieben sich. Im Text steht, dass sie sich innig anschauen.

Man kann dem mit „da" beginnenden Kausalsatz aber auch einen Sinn geben, indem man einen passenden Zwischengedanken einfügt:

Die beiden lieben sich. **Daran kann kein Zweifel bestehen, da** im Text steht, dass sie sich innig anschauen.

Sinnwidriger Wortgebrauch

1 Das Wort „**aktuell**" bedeutet zunächst: „**zeitgemäß**". Es hat mit der **Bedeutung** einer Sache zu tun, nicht mit deren Aussehen, und kann deshalb nicht auf die Ausstattung einer Theateraufführung (auf Bühnenbild und Kostüme) bezogen werden. Eine „**aktuelle Meldung**" bezieht sich auf Ereignisse, die zur Zeit von Bedeutung sind. Ein „**aktuelles Theaterstück**" ist ein Stück von zeitgemäßer Bedeutung (es bezieht sich auf Gegenwartsfragen). „Aktuell" kann auch „**gegenwärtig**" bedeuten (= das, was es im Augenblick gibt): „**der aktuelle Bestand an Nahrungsmitteln**". Im vorliegenden Fall bietet sich ein anderes Wort an:

> Bühnenbild und Kostüme sind **modern**.

2 „**scheinbar**" benutzt man immer dann, wenn das, was wir für wahr halten, in Wirklichkeit ganz anders ist: „Es scheint nur so." Wenn wir nicht genau wissen, ob wir dem Anschein trauen können, benutzen wir das Wort „**anscheinend**". Da über Hitlers Redeabsicht hier noch keine rechte Klarheit besteht, muss es heißen:

> Hitler will in seiner Rede **anscheinend** nur die schönen Seiten …

3 „rührig" bedeutet „unternehmungslustig", „aktiv". Die Liebesszene aber weckt unsere Empfindungen, sie „rührt" uns:

> Eine wahrhaft **rührende** Liebesszene
> **aber:** Als Organisator war er ausgesprochen **rührig**.

4 „**ganz**" bedeutet „ungeteilt", „unversehrt". Es geht hier aber nicht um ganze oder halbe Beziehungen, sondern um die **Gesamtheit** der zwischenmenschlichen Verhältnisse:

> In dieser Szene werden **alle** Beziehungen zwischen den Hauptpersonen erkennbar.
> **aber:** Die **ganze Klasse** nahm an dem Spiel teil.

5 „psychologisch" wird das genannt, was die Psychologie, die Wissenschaft von der Psyche (vom Seelenleben) betrifft. Eine „psychologische Krankheit" wäre eine Krankheit der Psychologie. Das ist sicher nicht gemeint. Es geht vielmehr um eine seelische (psychische) Erkrankung.

> Er wurde von einer **psychischen Krankheit** heimgesucht.
> **aber:** Es handelt sich hier um eine **psychologische Streitfrage**.

Wortverwechslungen

1 „**beiseite stehen**" bedeutet so viel wie „abseits stehen" – das ist das Gegenteil von dem, was hier gemeint ist. Hier geht es darum, dass jemand einem Freund in der Not „beigesprungen" ist.

> Er hat ihm in schlechten Zeiten stets tapfer **zur Seite gestanden** oder **beigestanden**.

2 „**Alimente**" sind Unterhaltszahlungen. Gemeint ist wohl das Fremdwort für „Kot", das so ähnlich klingt:

> Die Leute warfen ihre **Exkremente** einfach auf die Straße.

3 „**verleumden**" bedeutet: „den Ruf schädigen", „böswillig verdächtigen". Das Wort ergibt hier keinen Sinn. Gemeint ist das ähnlich klingende Synonym für „abstreiten":

> Die Gräueltaten werden einfach **verleugnet**.

4

> Um diesen Schwierigkeiten **zu entgehen**, entschloss man sich zur …

5 „**anpreisen**" bedeutet: „öffentlich loben", „Propaganda machen". Hinter dem unpassenden Wort verbirgt sich ein ähnlich klingender Ausdruck:

> Er hört die Trommeln, die die Hinrichtung **ankündigen**.

6 Bei einem „**Gespann**" handelt es sich um zusammengeschirrte Zugtiere. Hier aber geht es um ein zartes Gewebe (um „Gesponnenes"):

> Er verfängt sich in einem **Gespinst** von Drähten.

7 „bewilligen" bedeutet „genehmigen". Auf die Genehmigung seiner Politik war Hitler durchaus nicht angewiesen. Gemeint ist hier auch etwas ganz anders:

> Man hat den Eindruck, dass die meisten Menschen … in seine Politik **einwilligten**.

Unpassende Wortverwendung

1 „**aussagen**" wird in einem eher offiziellen Sinn verwendet: „eine Aussage machen", „eine Erklärung abgeben" (z. B. vor Gericht). Hier geht es aber nur um eine einfache Meinungsäußerung:

Der Autor **meint**, dass Wichtigtuerei …
aber: Der Zeuge **sagte aus**, das Lokal sei an diesem Tag geschlossen gewesen.

2 „**drehen**" musste man früher die Kurbel einer Kamera. Das Wort bezieht sich also auf den Film, der in der Kamera bewegt wird, nicht auf das, was gefilmt wird.

Der Kameramann **filmte** die Menschen bei der Arbeit.
aber: Der Film wurde im Atelier **gedreht**.

3 „**schmeißen**" bezeichnet eine Wurfbewegung – aber eine äußerst heftige, bei der meist etwas zerstört wird („einen Stein ins Fenster schmeißen"). Im übertragenen Sinne (metaphorisch) kann man „**Wörter in den Raum werfen**". Das stellt man sich nicht als eine unbeherrschte, sondern als eine lockere, lässige Bewegung vor. „Schmeißen" kann man Wörter nicht.

4 „**Partnerin**": Der Ausdruck passt nicht in die Zeit und in das soziale Milieu Woyzecks. Er ist erst in unserer Zeit in Gebrauch gekommen, in der moderne Ehefrauen sich als Partnerinnen in einer zwangsfreien Beziehung verstehen.

Woyzeck lebt mit einer Frau zusammen. **Diese Frau** hintergeht ihn.

5 Das Adjektiv „**klein**" weist zwar auf ein geringes Ausmaß hin, auf „Schicht" lässt es sich aber nicht beziehen – normalerweise auch nicht auf „Haar" (dünn, kurz), auf „Absprache" (begrenzt), auf „Urlaub" (kurz), u. a. m. Im Allgemeinen ist das Wort aber äußerst vielseitig verwendbar: „kleines Kind", „kleines Haus", „kleiner Fehler", „kleiner Unterschied", „kleine Pause" u. a. m.

Der Adel ist die **schmalste** Schicht in der Gesellschaft.

6 Eine Bewegung, die vom Sprechenden wegführt, bezeichnet man mit der Vorsilbe „hin": („Er ging in die Welt **hinaus**"). Die entgegengesetzte Bewegung bezeichnet man mit der Vorsilbe „her". (Vgl. auch „**herauf**" – „**herab**")

Der Taucher soll einen Becher aus dem Meer **herauf**holen.

Wortfindungsübung

Gabriele Wohmann: Fridas Freund (Inhaltsangabe)

Frida lebt noch bei ihren Eltern. Sie hat kein **gutes Verhältnis** zu ihnen, betrachtet sie mit dem **kritischen**, **unbarmherzigen** Blick der Heranwachsenden, die sich der **elterlichen Bevormundung** entziehen will: Jetzt will sie einen entscheidenden Schritt tun und ihre **Selbstständigkeit** beweisen, indem sie einen jungen Mann, den sie offenbar erst seit kurzem kennt, in seiner Wohnung besucht und sich vor den Eltern mit diesem Vorhaben **brüstet**. Die Reaktion der Eltern ist gespalten. Während der Vater **Bedenken** äußert, **zeigt** die Mutter Verständnis: „Irgendeinen muss sie haben, heut fängt das früh an bei den Mädchen."
Frida lässt sich anscheinend nicht **irritieren** und macht sich auf den Weg. Sie kennt die Wohnung des Freundes noch nicht. Die Straße, in der er lebt, sieht sie zum ersten Mal. Der Anblick wirkt ziemlich **ernüchternd**: eine **kleinbürgerliche** Welt, wie sie sie nur zu gut von ihrem eigenen Zuhause kennt. Sie ist „plötzlich bekümmert", aufgeregt und **unschlüssig** und fragt sich, was sie hier eigentlich will. Sie sieht jetzt auch Willi (so heißt ihr Freund) **mit anderen Augen** an. Er gefällt ihr eigentlich nicht („kleine nasse Zunge", „mehlige Stimme", „dickzüngig"). Er führt sie in seine Wohnung, **spielt** den höflichen Gastgeber, verhält sich förmlich und wird dann – aus lauter Verlegenheit – **draufgängerisch** („Sie haben ja schwarze Strümpfe an"). Beide siezen sich und benehmen sich **unsicher**. Sie wissen nicht, wie man sich in so einer Situation verhält. Frida hat ständig Angst, etwas falsch zu machen. Sie fühlt sich **unbehaglich**. Er gefällt ihr nicht, die Wohnung gefällt ihr nicht, die Musik auch nicht. Aber sie **heuchelt** … Begeisterung, ruft ständig „toll", „nett", „herrlich" und gackert. Als er sie **umarmt**, weiß sie nicht, wie sie reagieren soll. Es bleibt unklar, was aus der Situation wird.

Zu Hause sagt Frida von sich aus nichts mehr. Sie antwortet nur kurz auf die **vorsichtigen** Äußerungen der Eltern. Glücklich scheint sie nicht zu sein.

Die Erzählung ist abgedruckt in: Gabriele Wohmann: Stolze Zeiten. Düsseldorf: Claasen Verlag 1981

Worterfindungen

1 Der Mut des Jünglings wurde **neuerlich (aufs Neue, erneut, wiederum)** bewiesen.

2 Er kann das Gefühl des **Verlassenseins** nicht loswerden.
Er kann das Gefühl nicht loswerden, **verlassen worden zu sein**.

3 Es handelt sich um **Selbstbetrug (Selbsttäuschung).**
Da **belügt sich** jemand **selbst**.

4 Oskar ist ein **gefühlloser** Rohling.
Oskar ist ein **unsensibler**, gewalttätiger Mensch.

5 Jahrelanges **vergebliches** Warten hat ihn zermürbt.

6 Ein Wahnsinniger, der nicht vor **Massenmord** zurückschreckt.

7 Hitler betrieb mit seiner **Aufrüstung** eine aggressive Politik.

8 Er ist unberechenbar und **unmoralisch (ohne Moral, gewissenlos)**.

9 Alles wird klar und **ungekünstelt (ganz natürlich)** zum Ausdruck gebracht.

Pleonasmen

1 Manch einer erzählt **belangloses Zeug**.

2 **Nach einer Pause** wurde das Gespräch fortgesetzt.

3 Seine Sprache wirkte **unnatürlich**.
Seine Sprache wirkte **sehr künstlich**.

4 Er stellte **einen Mann von Welt** dar.

5 Genau **auf diese Wirkungen** kam es ihm an.

6 Der Zauber **ist von Dauer.**
Der Zauber **hält an.**

7 Die Arbeit wurde **immer mehr/mehr und mehr** vereinfacht.

8 Die Uhr hat für den jungen Mann einen **hohen Wert**/eine **hohe Bedeutung**.

9 Büchner stellt **die sozialen Probleme/die Probleme der Gesellschaft** dar.

Kontamination

1 a) **Dem Autor ist bodenlose Ignoranz** vorzuwerfen.
b) Dem Autor ist mangelnde Kenntnis **der Verhältnisse vorzuwerfen.**

2 a) **Ich verwende den Begriff nicht** im heutigen Sinne.
b) Ich verwende den Begriff nicht **in der heutigen Bedeutung.**

3 a) **Zusammengefasst** lässt sich das Ergebnis so formulieren:
b) Zusammenfassend **kann man sagen:**

4 a) Sein **Treiben** erschien mir unerträglich.
b) **Das** Leben, **das er führte, erschien mir unerträglich.**

5 a) **Der junge Mann wagt sich** in die Tiefe.
b) Der junge Mann wagt es, **in die Tiefe zu springen.**

6 a) **Schon viele Taucher sind** der wilden See **zum Opfer gefallen.**
b) Schon viele Taucher sind **in der wilden See** ertrunken.

7 a) **Die Grundstücke werden jetzt** an denjenigen **abgegeben,** der das Meiste bietet.
b) Die Grundstücke werden jetzt vom **Meistbietenden** erworben.

8 a) **Die Handlungen sind ineinander** verwoben.
b) Die Handlungen sind miteinander **verknüpft.**

Kollokationsfehler

1 Die Bücher stimmen **insofern** überein, **als** sie beide veraltet sind.

2 Röhm **spielte** innerhalb der NSDAP **eine wichtige Rolle**.

Was kann man „**vertreten**"? eine **Ansicht**, … eine **Meinung**.

3 Nach seinem Unfall kann er kein normales **Leben** mehr **führen**.

Was kann man „**eingehen**"? … eine **Ehe**, eine **Verpflichtung**.

4 Der Arzt beobachtet die **Auswirkungen**, die seine Worte auf den Patienten **haben**.
Der Arzt beobachtet den **Eindruck**, den seine Worte **machen**.

5 Es ist mir unverständlich, wie man einen derartigen **Standpunkt einnehmen** kann.

Was kann man „**annehmen**"? Eine **Einladung**, einen **erstaunten Gesichtsausdruck**.

6 Der **Bedarf** kann nicht **gedeckt** werden.

Was kann „**gestillt**" werden? **Bedürfnisse, Hunger**

7 Der Sohn **erhebt Anspruch** auf das gesamte Vermögen des Vaters.

Wenn der Sohn das Vermögen wirklich erhält und <u>davon Gebrauch macht</u>, kann man auch sagen:

Der Sohn **nimmt** das gesamte Vermögen des Vaters **in Anspruch**.

Kollokationsübungen

1	**Schmerzen**	machen, bringen, **erzeugen**, **zufügen**, **bereiten**
2	**den Rückzug**	machen, in Angriff nehmen, **beginnen**, **antreten**
3	**eine Beziehung**	**eingehen**, erzeugen, gewinnen, **haben**, machen, schließen, **knüpfen**, **beenden**, **herstellen**, stoppen, **aufnehmen**, **abbrechen**
4	**Rache**	**begehen**, **verüben**, erteilen, unternehmen, **üben**, vornehmen, **vollziehen**
5	**ein Attentat**	**vollziehen**, ausüben, **verüben**, verursachen, **begehen**, tun, **unternehmen**
6	**Bedenken**	**erheben**, **hegen**, **anmelden**, einlegen, **tragen**, **haben**, sagen, beweisen, **vortragen**, schöpfen, **vorbringen**
7	**die Oberhand**	**haben**, **behalten**, erringen, **bewahren**, **gewinnen**, zeigen, übernehmen, bieten
8	**sich zur Ruhe**	machen, **setzen**, **begeben**, legen, finden
9	**jemandem (eine) Gunst**	bereiten, **beweisen**, abschlagen, bieten, **gewähren**, geben, **schenken**
10	**Zweifel**	**haben**, **empfinden**, **hegen**, erleben

Gedankenloser Umgang mit sprachlichen Bildern 1

1. unter den Deckmantel kehren?

Zwei Bilder werden hier miteinander vermengt:

a) Einen „**Deckmantel**" **breitet** man über Dinge, die man verdecken will. Diese Dinge verschwinden dann „**unter dem Deckmantel**". Dieses Bild ist hier – für sich genommen – durchaus brauchbar.

b) Was mit dem Besen aus den Augen geschafft wird, verschwindet möglicherweise an einen Ort, wo es nicht hingehört: Es wird „**unter den Teppich gekehrt**". Dieses Bild lässt sich an dieser Stelle kaum verwenden. Gemeint ist nämlich, dass der Konflikt durch frommes Getue verdeckt wird:

> Unter dem Deckmantel geheuchelter Frömmigkeit **wird der Konflikt verborgen gehalten**.

2. zerfallender Schein?

Ein „**Schein**" ist ein Glanz, der auf Dingen oder Personen liegen kann. Manche Menschen versuchen, sich mit einem solchen Schein zu umgeben, um Eindruck auf ihre Umwelt zu machen. Sie erzeugen ein bestimmtes Bild von sich, das nicht unbedingt der Wahrheit entspricht. Sie „geben sich den Anschein …", rücken sich „in ein bestimmtes Licht". Ein Licht kann nicht „zerfallen" wie ein Bauwerk und dann zu einer Ruine werden. Gemeint ist hier, dass der Kleinbürger sein wahres Gesicht zeigt, sobald er in die Enge getrieben wird.

> Der Schein von Humanität **verschwindet/geht verloren**.

3. jemanden mit den Augen auf Tränen stoßen?

Manchmal muss man Menschen, die „Tomaten auf den Augen" haben, „**auf etwas stoßen**" – aber nicht mit den Augen, sondern „**mit der Nase**" und nicht auf konkrete Tränen (welch seltsame Vorstellung!), sondern auf etwas Abstraktes (z. B. auf das eigentliche Problem). Gemeint ist hier, dass der Autor dem Leser etwas mit aller Deutlichkeit klarmacht:

> Der Autor lenkt die Aufmerksamkeit des Lesers auf die Art, wie die Trauergäste ihre (Krokodils-)Tränen zur Schau stellen.

4. doppelbödige Zeugen?

Der Ausdruck „doppelbödig" bezeichnet ursprünglich einen Täuschungsmechanismus bei der Zauberei. Im übertragenen Sinn bedeutet er so viel wie „nicht eindeutig", „zweifelhaft". Auf Personen lässt er sich nicht beziehen, wohl aber auf undurchschaubare Aussagen, Abmachungen und Verhaltensweisen. Gemeint ist hier, dass die Zeugen nicht glaubwürdig sind.

Gedankenloser Umgang mit sprachlichen Bildern 2

1. Dann stellte sich ihm ein gewaltiger Strom in den Weg.

Wegen eines gewaltigen Stroms kam er nicht weiter.

Ein Strom „stellt“ sich nicht in den Weg. Stattdessen kann man sagen:
Dann versperrte ihm ein gewaltiger Strom den Weg.
Natürlich kann sich dem Wanderer auch etwas „in den Weg stellen“, z. B. ***ein Räuber*** oder ***ein Bettler***

2. Er sagte, er werde jetzt ganz andere Seiten aufziehen.

Er will jetzt wirksamere Mittel einsetzen.

Das Bild bekommt erst dann einen Sinn, wenn man weiß, dass hier die „Saiten“ gemeint sind, die man Streichinstrumenten (z. B. einer Violine) „aufzieht“.
Manchmal **zeigt sich** jemand aber unerwartet **von einer anderen Seite**.

3. Der Leser wird Stück für Stück an die einzelnen Charaktere herangeführt.

Der Leser wird allmählich mit den Charakteren vertraut gemacht.

Wenn jemand allmählich an etwas herangeführt wird, dann nicht „Stück für Stück“, sondern … ***„Schritt für Schritt“.***
Der Ausdruck „Stück für Stück“ lässt sich – in anderem Zusammenhang – aber auch verwenden:

Seine Habe wurde ihm Stück für Stück abgenommen.

4. Er hatte keine Möglichkeit, die Scharte auszubügeln.

Er konnte den Schaden nicht wieder gutmachen.

Eine „**Scharte**“ ist eine Kerbe (z. B. in einer Messerklinge, in einem Schwert). So etwas lässt sich nicht durch Bügeln beseitigen. Richtig muss es heißen:

eine Scharte auswetzen

Ungeschicklichkeiten im Ausdruck

1 Die Arbeitslosenzahl nähert sich der in der Weltwirtschaftskrise.

Die Zahl der Arbeitslosen hat bald eine Höhe erreicht, die sich mit der in der Weltwirtschaftskrise vergleichen lässt.

2 Das sind Behauptungen, die völlig unbegründet sind.

Diese Behauptungen stehen auf wackeligen Füßen.

3 Der Autor glaubt, dass diese Menschen an ihrer Armut selbst schuld sind.

4 Was in diesem oberflächlichen Gespräch abläuft, nennt man „Scheinkommunikation".

Ein derart formales Gespräch lässt sich als „Scheinkommunikation" kennzeichnen.

5 Antigone fühlt sich den Göttern verpflichtet.

Antigone ist pflichtbewusst und gottgläubig.

6 Der alte Mann macht einen Kopfstand nach dem anderen.

Der alte Mann macht mehrfach hintereinander einen Kopfstand.

7 Der Mann schneidet Grimassen.

8 Lysander und Hermia fliehen zur Tante.

Lysander und Hermia suchen Zuflucht bei der Tante.

9 Vom Faschismus wird ein positives Bild entworfen.

10 Lenz kann seine Eindrücke nicht mehr normal verarbeiten.

Stilbruch

1 Mit „**schmeißen**" bezeichnet man – genau genommen – eine äußerst heftige Wurfbewegung. Man „schmeißt" ein Glas an die Wand, so dass es in tausend Scherben zerspringt. In der Umgangssprache wird das Wort oft schon benutzt, wenn jemand etwas fallen lässt. „Du musst nicht alles auf den Boden schmeißen!"

Der Knappe traut sich, den Becher aus dem Meer zu holen, den der König **hineingeworfen** hat.

2 Als Demetrius Hermia sieht, **ist es mit der Liebe** zu Helena **vorbei**.

3 „**kein**" darf nicht gesteigert werden. Die Wendung „in keinster Weise" kann man allenfalls scherzhaft benutzen.

Helenas Liebe wird **nicht im Geringsten (auf keine Weise)** erwidert.

4 Als die Soldaten, die in schallendes Gelächter ausgebrochen waren, **sich beruhigt hatten**, schloss man Freundschaft mit den Stadtbewohnern.

5 Man muss bedenken, dass diese Menschen ohne unsere Hilfe **so gut wie verloren** wären.

6 Der ganze Bericht ist ziemlich **fragwürdig (angreifbar, unerfreulich).**

7 Woyzeck sieht keinen Ausweg **aus seinem Elend**.

Grammatikfehler 1

1 Fehler bei der Beugung des Verbs (Konjugation): Die richtige Form lautet: „Ich **ekle** mich".
Bei „sich ekeln" ist in der 1. Pers. Sg. ein e ausgefallen:
Ich ekele mich → Ich ekle mich.

2 Hier wird das Imperfekt eines schwachen Verbs (**rennen**) nach dem Vorbild eines ähnlich klingenden starken Verbs (**rinnen**) gebildet. Wie lautet die Imperfektform im einen und im anderen Fall?

„rinnen" (= langsam und spärlich fließen):	Das Blut **rann** aus der Wunde.
„rennen" (= schnell laufen):	Sie **rannte** den Berg hinauf.

Aus der Verwechslung ergibt sich im vorliegenden Satz die komische Vorstellung, dass eine Frau zerfließt, während sie die Treppe hinunterläuft.

3 Ein Paar besteht aus zwei Personen. Grammatisch aber ist es ein Neutrum **Singular** (das Paar): Das entsprechende Possessivpronomen darf also nicht im Plural stehen.

Das Ehepaar hat **seine** Sonntagskleidung angezogen.
aber: Die beiden haben **ihre** Sonntagskleider angezogen.

4 Wenn das Possessivpronomen benutzt wird, muss es dem Geschlecht des jeweiligen Bezugswortes angepasst werden:

Er verletzte sich an **seinem** Knie, an **seiner** Brust und an **seinem** Kinn.

Wenn man auf das Possessivpronomen verzichtet, wird alles viel einfacher:

Er verletzte sich **an Knie, Brust und Kinn**.

5 Ein Begriff, der in einem Beisatz erläutert wird (hier: „Schleier"), muss dort natürlich im selben Fall erscheinen wie im Hauptsatz (hier also im **Genitiv**):

… im Bild eines Schleiers dargestellt, **eines Schleiers**, den man sich über den Kopf zieht.

6 **„Art und Weise"** war ursprünglich wohl kein Pleonasmus. In unserer Zeit aber unterscheiden wir die beiden Begriffe nicht mehr. So haben wir das Gefühl, dass hier zweimal dasselbe gesagt wird. Der Ausdruck lässt sich nicht in den Plural setzen, schon gar nicht mit nur einem seiner beiden sinngleich erscheinenden Bestandteile. Folgende Formulierungen sind möglich:

Sie tut das **auf zweierlei Art und Weise**.
Sie tut das **auf unterschiedliche Art und Weise**.
Sie tut das **auf zwei Arten**, die sehr unterschiedlich sind.

Grammatikfehler 2

1 **Oberhalb der Wohnung dieser Frau** war jemand eingezogen.

Einfacher ist die Lösung mit der Präposition „**über**“:

Über der Wohnung dieser Frau war jemand eingezogen.

2 Statt **eines** seiner Ritter springt ein Knappe ins Meer.

3 Bei Ordnungsangaben im Hinblick auf eine Reihenfolge muss das grammatische Geschlecht des Bezugswortes beachtet werden. Also:

Der Elfenkönig tritt **als Erster** in Erscheinung.
Die Elfenkönigin tritt **als Erste** in Erscheinung.
Dieser Apfel ist **der Erste**, der reif geworden ist.

4 Oberon will, dass Titania nach dem Erwachen **als erstem** (Lebewesen) einem Esel begegnet.

5 **Ich frage mich, ob** du Recht hast.
Ich bezweifle, dass du Recht hast.

6 Der Hauptmann ist verwirrt **durch/wegen** Woyzecks Verhalten.
Der Hauptmann ist **erstaunt/erschrocken/erfreut über** Woyzecks Verhalten.

7 Die hier benötigte Formel lautet: **je – desto** oder: **je – umso.** Mit diesen Formeln wird ins Verhältnis gesetzt, was sich vermehrt, vergrößert oder vermindert:

„je eher – desto besser“
„je schneller – umso gefährlicher“

Die Formel „umso – umso“ ist nicht korrekt. Der betreffende Satz heißt:

Der Vater dachte: Je **schneller** die Verabschiedung, **desto/umso besser** für mich.

8 **„deshalb“** ist ein Adverb mit begründender Bedeutung: „Deshalb (= aus diesem Grunde) habe ich geschwiegen“. Es bereitet oft – Nachdruck verleihend – einen nachfolgenden Kausalsatz vor.

Er ist **deshalb** so spät gekommen, **weil** er die Nachricht erst gestern erhielt.

Im vorliegenden Fehlerbeispiel bereitet „deshalb“ einen **Finalsatz** vor – was grammatisch nicht möglich ist. Die richtige Formulierung lautet:

Er hat dazu geschwiegen, damit niemand seine Unsicherheit bemerkt.

Grammatikfehler 3 Die Präposition „durch"

1 **Zweifelhaft**. Der Satz ist die problematische Kurzform einer richtigen Formulierung: Auf die Frage „Wodurch kracht's weniger?" lautet die vollständige Antwort: **Durch** das **Aufstellen** dieses Schildes. Die Hilfe besteht nämlich nicht in dem Schild, sondern in dem, was mit ihm **gemacht** wird. Für die Überschrift auf einer Zeitungsseite wäre der genannte Satz natürlich zu lang. Es gibt aber durchaus Alternativen, die kurz und grammatisch nicht zweifelhaft sind, z. B.:

Dieses Schild verhindert Auffahr-Unfälle.

2 **Richtig**. Die betreffende Bemerkung ist das **Mittel** der Kränkung.

3 **Richtig**. Das rote Halstuch ist ein Hilfsmittel, jemanden zu erkennen.

4 **Falsch**. Die Frage „wodurch?" ergibt hier keinen Sinn. Wenn etwas nicht geschieht, dann fragt man nicht „wodurch?".

Warum wurde der Roman nicht veröffentlicht?" – **Wegen** der Zensur.

5 **Falsch**. Die Frage „wodurch?" ist hier grundsätzlich sinnvoll, sie erfordert allerdings eine andere Antwort:

Wodurch verbreitete sich der Flüsterwitz im Nazi-Reich?
– **Durch** heimliche Kontakte ...

6 **Falsch**. Die richtige Frage wäre: **Warum** gehe ich jetzt auf die Oberstufe? –
die richtige Antwort: **Wegen** meiner guten Noten.

7 **Falsch**. Die richtige Frage wäre: **Warum** kann ich nicht schlafen? –
Die richtige Antwort: **Wegen** der Hitze.

8 **Richtig**. Ständiges Üben ist das **Mittel**, Sprachkenntnisse zu verbessern.

9 **Falsch**. Die Frage „wodurch?" lässt sich hier zwar stellen, sie müsste aber anders beantwortet werden, z. B. so: **Wodurch** werde ich verspottet? – **Durch das Nachäffen** meines ungeschickten Verhaltens.

10 **Falsch**. Die Frage „wodurch?" lässt sich hier zwar stellen, man müsste sie aber anders beantworten, z. B. so: **Wodurch** wurde er schließlich entdeckt? – **Durch** einen Suchtrupp.

Grammatikfehler 4 — Falscher Rückbezug

1 Hier gibt es zwei Lösungsmöglichkeiten, je nachdem, wie man sich den Fehler erklärt:

> Wenn er jetzt an **diese Verhältnisse** zurückdenkt, vergleicht er **sie** mit dem Paradies. **(Fall b)**

> Wenn er jetzt an **das schöne Leben von früher** zurückdenkt, vergleicht er **es** mit dem Paradies. **(Fall a)**

2 Es handelt sich hier um eine „Kurzschluss-Formulierung". Das hinweisende Adverb („**daran**") wurde nur mitgedacht, aber nicht ausformuliert. Die vollständige Aussage:

> Man darf die Grundbedürfnisse der Menschen nicht aus den Augen verlieren. <u>**Ihre Missachtung** rächt sich bei der nächsten Wahl</u>. **Daran** ist schon so manche Regierung gescheitert. **(Fall a)**

3 **Wer** ist hier ein „selbstsüchtiger Mensch" – Henrik oder Boris? Nehmen wir an, Henrik sei es. Wie lässt sich das unmissverständlich formulieren?

> Weil **Henrik** ein selbstsüchtiger Mensch ist, gibt **er** Boris keine Chance.

Und wenn Boris gemeint ist?

> Henrik gibt **Boris** keine Chance, weil **der** ein selbstsüchtiger Mensch ist. **(Fall d)**

4 Auch hier muss das heimlich Mitgedachte benannt werden:

> Der Feldherr entschließt sich zum Angriff. Drei Tage lang beschießen **seine Soldaten** die Stadt. **(Fall a)**

Grammatikfehler 5

Indirekte Rede

1 Die indirekte Rede wird hier durch einen Nebensatz erweitert. Ein zweiter Konjunktiv ist also nicht nötig:

Sie sagt, sie **komme** sich komisch vor, wenn ihr so etwas **passiert** (passiere). **(Fall b)**

2 Die Konjunktion („wenn") macht genügend deutlich, dass es sich hier um indirekte Rede handelt. Der Konjunktiv ist also entbehrlich, wenn es um unbestreitbare Tatsachen geht:

Sie sagt, (immer) wenn ihr so etwas **passiert**, **kommt** sie sich komisch vor.

Wenn offen bleiben soll, ob tatsächlich etwas passiert, muss der Konjunktiv verwendet werden:

Sie sagt, wenn ihr so etwas **passiere**, **komme** sie sich komisch vor. **(Fall a)**

3 Die indirekte Rede beginnt mit einer Konjunktion („dass"). Der Konjunktiv ist also nur dann erforderlich, wenn offen bleiben soll, ob die Aussage glaubwürdig ist:

Sie sagt, **dass** sie sich komisch **vorkommt**, wenn ihr so etwas **passiert**.
Sie sagt, dass sie sich komisch **vorkomme**, wenn ihr so etwas **passiert** (passiere). **(Fall b)**

4 Die indirekte Rede wird hier durch einen Nebensatz erweitert („als …"). Wenn die Aussage glaubwürdig erscheint, kann im erweiternden Nebensatz auf den Konjunktiv verzichtet werden:

Sie sagte, sie **sei** sich komisch vorgekommen, als ihr das **passierte** (passiert sei). **(Fall b)**

5 Hier gilt das Gleiche wie in (**3**). Der Konjunktiv wird nur benötigt, wenn unklar bleiben soll, ob überhaupt etwas passiert ist.

Er fragte sie, ob sie sich komisch **vorgekommen ist**, als ihr das **passierte**. **(Fall a)**

Auf den Konjunktiv kann zumindest im erweiternden Nebensatz verzichtet werden, wenn die Aussage der Frau (ihr sei etwas passiert) glaubwürdig erscheint.

Er fragte sie, ob sie sich komisch **vorgekommen sei**, als ihr das **passierte** (passiert sei). **(Fall b)**

Grammatikfehler 6

Indirekte Rede

Konjunktiv I und Konjunktiv II

1 Sie sagt, sie **sei** belästigt worden.	Die Aussage ist möglicherweise begründet.
2 Der Portier berichtet, ein verdächtiger Mann **habe** sich der Tür genähert.	Kann sein – kann auch nicht sein.
3 Der Portier berichtet, ein verdächtiger Mann **hätte** sich der Tür genähert.	Man muss bezweifeln, dass er die Wahrheit sagt.
4 Sie sagte, sie **wäre** krank.	Vermutlich hat sie gelogen.
5 Sie sagte, sie **sei** krank.	Das erschien durchaus glaubwürdig.
6 Ich befürchtete, ich **hätte** Fieber.	Diese Befürchtung war begründet. Hier wird trotzdem Konjunktiv II verwendet, weil Konjunktiv I (**Ich habe Fieber**) vom Indikativ nicht zu unterscheiden ist.
7 Er beteuerte, dass er an dem Unglück unschuldig **sei**.	Es gibt keine Augenzeugen, niemand kann etwas zum Hergang sagen. Dies kommt im Konjunktiv I zum Ausdruck.
8 Wir berichteten, dass der Bus bei Rot über die Ampel gefahren **war**.	Wir konnten den Hergang genau beobachten. Deshalb ist hier nicht der Konjunktiv, sondern der Indikativ die am besten zur Aussage passende Form.

Grammatikfehler 6

Indirekte Rede

Theseus von Athen und Hippolyta bereiten ihre Hochzeit vor, da kommt Egeus mit der Klage, seine Tochter Hermia **wolle** nicht den Demetrius, dem er sie versprochen **habe/hat**, sondern einen gewissen Lysander heiraten; Hermia bekennt ihre Liebe zu Lysander, und dass sie Demetrius nicht nehmen **werde/wolle**, Lysander sagt, Demetrius **sei** eigentlich doch in Helena verliebt gewesen. Theseus erklärt das Recht des Vaters für das bessere und gibt Hermia Bedenkzeit bis zu seiner Hochzeit.
Lysander und Hermia verabreden daraufhin für die nächste Nacht die Flucht zu einer Verwandten von ihm und ein Treffen zu dieser Flucht in einem nahen Wald. Das erzählt Hermia ihrer Freundin Helena, die darüber weint, dass Demetrius, den sie liebt, nur Augen für Hermia **habe/hat**. Helena wieder will das alles dem Demetrius berichten. [...]

Im Wald erzählt Puck einer Fee vom Streit zwischen Titania und Oberon: Titania **habe** am
Indus einem König einen schönen Knaben geraubt, den aber Oberon haben **wolle**; seither
treffen **träfen** die beiden sich nicht mehr, und alle Elfen **hätten** Angst. Die Fee erkennt nach die-
sen Reden in Puck den wilden Hobgoblin, und er sagt, er **sei** wirklich dieser neckende
Nachtgeist. Oberon und Titania treffen sich jetzt; Titania wirft Oberon vor, er **sei** nur hier-
her nach Athen gekommen, um mit Hippolyta noch einmal zu schlafen, er repliziert, sie **sei**
(erwidert) bloß scharf auf Theseus.
Sie beklagt sich über sein Schmollen: die ganze Natur **sei** in Unordnung geraten deswe-
gen; er sagt, er **wolle** ja nur den Knaben haben, dann **sei** alles wieder gut; und sie erzählt
geben von ihrer Freundschaft mit der verstorbenen Mutter des Knaben, und sie **gebe/gäbe** ihn
nicht her. Oberon ruft den Puck: Er **solle** jene Blume bringen, deren Saft, aufs Auge gegos-
haben sen, die Kraft **habe/hat**, verliebt zu machen in das, was dem aufgeschlagenen Auge zuerst
begegnen **begegne/begegnet**; damit **wolle** er Titania behandeln.

In: Rolf Vollmann: Ein Alphabet von Mord und Schönheit. Nördlingen: Franz Greno Verlag 1988, S. 431 f.

Grammatikfehler 7 Infinitivgruppen

1 **Falsch**. Die Infinitivgruppe bringt hier keine Absicht zum Ausdruck. Sie sagt, um **was für ein Mittel** es sich handelt (**Attribut**):

Das ist das beste Mittel, wieder gesund **zu** werden.

2 **Falsch**. Die Infinitivgruppe bringt hier keine Absicht zum Ausdruck. Sie sagt, **wozu** Ralf geeignet ist (**Objekt**).

Ralf ist gut geeignet, diese Aufgabe **zu** übernehmen.

3 **Richtig**. Antonia kehrt zurück, **damit** sie sich entschuldigen kann. Deshalb: „**um zu**".

4 **Richtig**. Die Formulierung ist richtig, wenn die Infinitivgruppe eine Absicht zum Ausdruck bringt.

Er hat **so viel Zeit** bekommen, **damit** er diese Aufgabe lösen kann.

Falsch. Wenn aber nur gesagt werden soll, wie viel Zeit zur Verfügung steht, dann ist die Infinitivgruppe als **Objekt** zu verstehen (Zeit **wozu**?) und der Satz muss anders lauten:

Er hat zwei Jahre Zeit, diese schwierige Aufgabe **zu** lösen.

5 **Falsch**. Die Infinitivgruppe bringt hier keine Absicht zum Ausdruck. Sie sagt, wozu Geld benötigt wird (**Objekt**):

Er hat kein Geld, sich etwas **zu** kaufen.

6 **Richtig**. Ari springt, **damit** er den Freunden seinen Mut beweisen kann. Deshalb: „**um zu**".

7 **Richtig**. Die Kellnerin bückt sich, **damit** sie das Geldstück aufheben kann. Deshalb: „**um zu**".

8 **Falsch**. Es kann natürlich sein, dass die Infinitivgruppe mit „um zu" hier ganz bewusst gewählt worden ist, weil sie einen Finalsatz vertreten soll (Charles wird Mut zugesprochen, damit er eine Rede hält), dann müsste allerdings der Zweck dieser Ermutigung unzweideutig zum Ausdruck gebracht werden:

Charles wird ermutigt, **um** ihn zum Reden **zu** veranlassen."

Wahrscheinlicher ist, dass hier der Infinitiv mit „zu" benötigt wird, der – in der Rolle eines **Objekts** – zum Ausdruck bringt, **wozu** Charles ermutigt wird.

Charles wird ermutigt, eine Rede **zu** halten.

Satzbaufehler

Ungeeignete Modelle für den Satzbau

1 Er meint, dass man seine Zeit verschwendet, wenn man faulenzt.

2 Diese Menschen glauben daran, dass sie in den Himmel kommen, wenn sie sich an die Vorschriften halten – und in die Hölle, wenn sie es nicht tun.

3 Die Puritaner waren überzeugt, dass ein Mensch nur dann in den Himmel kommt, wenn er wirtschaftlichen Erfolg hat.

4 Der Autor schreibt, dass die Krankheit für immer besiegt werden kann/könne, wenn es der Wissenschaft gelingt, ein wirksames Medikament gegen die Krankheit zu entwickeln.

5 Da das Wetter sich am Horizont bereits aufhellte, hofften wir, dass der Tag doch noch ein gutes Ende nehmen würde.

Satzbruch

1 a) Der Kaiser bürdete der Stadtbevölkerung hohe Lasten auf, die sie zunächst ertrug, **dann aber nicht mehr akzeptierte.**

b) **Der Kaiser war überrascht, weil die Stadtbevölkerung die hohen Lasten zunächst ertrug**, dann aber eine Widerstandshaltung einnahm.

2 a) In der Ballade geht es um einen König, der seine Tochter demjenigen geben will, **der ihm einen goldenen Becher aus dem Meer holt.**

b) **Der König ist bereit, seine Tochter herzugeben**, wenn ihm jemand einen goldenen Becher aus dem Meer holt.

3 a) Kleist erzählt nun, wie – gerade als Jeronimo sich umbringen will – **die Erde zu beben anfängt.**

b) **Kleist erzählt nun: Gerade als Jeronimo sich umbringen will**, fängt die Erde an zu beben.

Literaturhinweise

Abraham, Ulf: Verbesserung statt Korrektur. Was man aus der Geschichte der „Aufsatzkorrekturen" für die Gegenwart lernen kann. Diskussion Deutsch 24 (1993), 464–471.

Baurmann, Jürgen: Schreiben – Aufsätze beurteilen. Praxis Deutsch 84 (1987), 18–24.

Boettcher, Wolfgang; Firges, Jean; Sitta, Horst & Tymister, Hans Josef: Schulaufsätze – Texte für Leser. Düsseldorf 1973.

Fritzsche, Joachim: Aufsatzdidaktik. Kritische und systematische Untersuchungen zu den Funktionen schriftlicher Texte von Schülern. Stuttgart 1980.

Haas, Gerhard: In der Schule Leistungen bewerten, ohne pädagogische Prinzipien außer Kraft zu setzen. Praxis Deutsch 155 (1999), 10–19.

Beck, Oswald; Payrhuber, Franz Josef (Hg.): Aufsatzbeurteilung heute. Problematik, Diagnose, Therapievorschläge. Freiburg/Br. 1975.

Ivo, Hubert: Korrekturhandeln zwischen „sprachlichem Lernen" und „Prüfen". Zum didaktischen Problem eines Rollenkonflikts. Diskussion Deutsch 49 (1979), 478–495.

Lehrer korrigieren Aufsätze. Beschreibung eines Zustandes und Überlegungen zu Alternativen. Frankfurt /M. 1982.

Klute, Wilfried: Ausdrucksfehler – Formulierungsschwäche. Diskussion Deutsch 81 (1985), 107–122.

Krämer, Edgar: Korrekturmethode des deutschen Auf-Satzes mit besonderer Berücksichtigung der Reife-Prüfungsarbeit. Der Deutschunterricht 23 (1970), 134–138.

Lange, Günter: Die Laufrichtung ändern. Überlegungen zu veränderten Bewertungsverfahren im Literatur- und Schreibunterricht. Praxis Deutsch 155 (1999), 58–62.

Merkelbach, Valentin: Korrektur und Benotung im Aufsatzunterricht. Wissenschaftliche Erkenntnisse und didaktische Konzepte. Frankfurt/M. 1986.

Merkelbach, Valentin: Korrigieren: Lernziel für Lehrer und Schüler. Der Deutschunterricht 41 (1989), 44–50.

Nutz, Maximilian: Beurteilung sprachlicher Leistungen. In: Bredel, Ursula; Günther, Hartmut; Klotz, Peter; Ossner, Jakob; Siebert-Ott, Gesa: Didaktik der deutschen Sprache. Ein Handbuch. Paderborn: Schöningh 2006, S. 924–939.

Praxis Deutsch, Jahresheft 1996. Prüfen und Beurteilen.

Spinner, Kaspar H. (Hg.): Identität und Deutschunterricht. Göttingen: Vandenhoek und Ruprecht, 1980.

Rupp, Gerhard: Schülerbeurteilung in der Literaturdidaktik. Der konstruktive Kommentar als Lösung des Bewertungsdilemmas. Der Deutschunterricht 51, H. 2 (1998), 71–79, u. H. 3, 136–144.

Weber, Albrecht: Dialektik der Aufsatzbeurteilung. Donauwörth 1973.